中央高校科研基金重点资助项目“中国教育政策与法律研究热点的知识图谱分析”（15SZZD01)的研究成果

中国教育政策学的知识图谱研究
1985–2015

祁占勇 著

科学出版社
北京

内 容 简 介

教育政策学是运用现代科学理论和技术方法，研究教育政策的功能机制和运行规律，以帮助人们解决那些直接关系到教育公众生存条件和人类教育未来发展问题的一门新兴、中介、综合、边缘性的实践学科，具有跨学科性、应用性、规范性、描述性、软科学性等特征。本书利用知识图谱分析的方法，对 1985—2015 年我国教育政策学发展中的研究热点、核心作者、研究范式、前沿演进、合作网络等问题进行知识图谱分析，从而全面系统地梳理教育政策学的研究热点领域、主流学术群体、学科理论结构、经典文献、科研合作等情况，为教育政策学研究的拓展与深化等提供基础性材料。

本书可供普通高等学校教育学及相关专业的本科生、研究生使用，也可供广大一线教师、教育管理工作者或教育学爱好者参考、学习。

图书在版编目（CIP）数据

中国教育政策学的知识图谱研究：1985—2015 / 祁占勇著. —北京：科学出版社，2019.10

（教育政策与法律可视化研究丛书）

ISBN 978-7-03-060239-8

Ⅰ. ①中… Ⅱ. ①祁… Ⅲ. ①教育政策-研究-中国-图谱 Ⅳ. ①G520-64

中国版本图书馆 CIP 数据核字（2018）第 293115 号

责任编辑：杜长清 / 责任校对：何艳萍

责任印制：李 彤 / 封面设计：正典设计

科学出版社出版

北京东黄城根北街 16 号

邮政编码：100717

http://www.sciencep.com

北京凌奇印刷有限责任公司印刷

科学出版社发行 各地新华书店经销

*

2019 年 10 月第 一 版 开本：720×1000 B5

2020 年 10 月第二次印刷 印张：9 1/2

字数：165 000

定价：89.00 元

（如有印装质量问题，我社负责调换）

目　录

第一章 知识图谱理论以及基本方法

过去，人们对一个学科进行研究资料综述的时候，更多的是基于个体主观经验对资料进行加工，较少采用科学计量学的方法对资料进行综合分析。面对今天浩如烟海的文献，如果没有科学的计量分析方法，仅凭个人的主观经验判断，难免会产生错误或者不当的归类和总结。随着互联网技术的普及和数字化时代的到来人们，采用信息可视化（information visualization，InfoVis）技术对已有信息进行整理，新的知识的科学计量学逐渐发展并且成熟起来。知识图谱（mapping knowledge domain）作为当前国际科学计量学领域热门的方法之一，近年来越来越受到研究者的重视和青睐，2003 年美国科学院组织了“Mapping Knowledge Domains”讨论会，预示着世界科学计量学中知识图谱和可视化研究的春天已经到来。要认识和把握知识图谱的准确含义，需要对其概念、发展历程、应用原理及意义进行全面的了解。

一、知识图谱理论概述

知识图谱理论研究是一个以科学为基础，涉及应用数学、信息科学及计算机科学诸学科的交叉领域，是科学计量学和信息计量学的新发展，其基本原理是进行科学文献、科学家、关键词、引文的相似性分析及测度。根据具体的技术软件与操作方法可以绘制不同类型的知识图谱。

（一）知识图谱的概念

了解地图（map）、知识地图（knowledge map）及图谱（atlas）的概念有助于准确把握知识图谱的概念。

1. 地图与知识地图

地图是以二维或三维空间形式显示地形和人类活动及相关特征的地理学概念。地图能够科学地反映出自然和社会经济现象的分布特征及其相互关系。在电子和数字时代，地图已经由传统的纸质地图演变成了数字地图和电子地图。但不论其形式如何演变，依然不变的是地图的主要特征：第一，由特殊的数学法则产生的可测量性。特殊的数学法则包含地图投影、地图比例尺和地图定向三个方面。第二，由使用地图语言表示事物所产生的直观性。地图语言包括地图符号和地图注记两部分。第三，由实施制图综合产生的一览性。第四，必须遵循一定的数学法则。地图是绘制在平面上的，必须准确地反映它与客观实体在位置、属性等要素之间的关系。第五，必须经过科学概括，缩小了的地图不可能容纳地面所有的现象。第六，具有完整的符号系统。

知识地图也称为知识分布图或知识映射图。最初源于美国捷运公司绘制的充满知识资源的美国地图。此后，知识地图表示带有索引号或用其他方式表示层次关系的表格和文件及信息资源与各部门或人员之间关系的信息资源管理表和信息资源分布图。知识地图描述了一个组织在知识转化周期过程中的知识资源具体分布及变化情况，有助于组织成员把握本系统内部知识配置，为其进行知识寻求与创造提供准确的可用信息。

知识地图的绘制包括三个步骤：首先，通过知识收集和知识预处理获得知识元；其次，通过对知识的甄别、筛选和分类，将无序的知识元间信息进行重组，以构建知识之间的相互关系；最后，在各个知识之间建立索引，通过索引来连接和标识它们之间的位置和关系，以此来呈现知识地图。绘制知识地图的目的就是对组织知识资源总体分布情况进行可视化描述，包括组织知识资源的存在情况和载体及资源之间可能存在的联系。实质上就是利用现代信息技术制作的组织知识资源的总目录和各知识条目之间关系的综合体及组织专家的导航系统、构造地图的方法将各类知识资源中的知识关联起来，使之成为一个网络，提高知识的利用率。

2. 图谱与知识图谱

图谱指系统地编辑起来的、根据实物描绘和摄制的图，是研究某一学科所用的资料。后来泛指按类编制的图集。

知识图谱也被称为科学知识图谱、知识域可视化或知识域映射地图，可视化地描述人类随时间拥有的知识资源及其载体，绘制、挖掘、分析和显示科学技术知识及它们之间的相互联系，在组织内创造知识共享的环境以促进科学技术知识的合作和深入。知识图谱能够用直观图像展现出最前沿领域和学科知识的信息会聚点，从宏观、中观、微观等不同层面来揭示一个领域或学科的发展概貌，使人们便于全面审视一个学科的结构和研究热点、重点等信息，生成新的知识。借助于知识图谱，人们可以将知识和信息中引人注目的最前沿领域或学科制高点以可视化的图像直观地展现出来，挖掘、分析和显示知识及其之间的联系，进而判定学科前沿的历史演进路径。

值得注意的是，虽然可以将知识地图作为知识图谱的一种形式，但知识图谱比知识地图更能揭示知识之间的联系及知识的进化规律。知识图谱与知识地图的区别在于前者一般不能使使用者快速获取与知识资源关联的相关信息。

（二）知识图谱的发展历程

1. 知识图谱的产生

人类经历了五次信息革命：语言的使用；文字的创造；印刷术的发明；电报、电话、广播、电视的发明和普及；计算机技术及现代通信技术的普及与应用。现在，正在经历第六次信息革命：云计算与互联网的发展与应用。在互联网和数字化时代没有到来之前，学者们为了了解一个学科领域发展的整体状况，必须查阅该领域的几乎所有文献，然后经过加工，从大量文献中筛选出相对重要的文献。这样的工作不但耗费时间，而且非常困难。不同学者选取文献时，存在站立角度和主观判断的差异，就如盲人摸象中的各个盲人，往往选取的材料有很大出入，结论也难以得到重复验证。

随着知识大爆炸和信息化时代的到来，海量信息时代也随之到来。这个时候想通过传统方法来捕捉学科发展的脉动越来越困难。在对多学科领域进行研究时，对文献的动态发展做一个综述性的回顾尤其困难。因此，迫切需要具有客观性、科学性、高效性的方法来研究科学学科的结构与发展。1955年，加菲尔德（E. Garfield）在 *Science* 上发表关于引文索引的文献，奠定了引文分析的基础。加菲尔德不仅推动了代表学术共同体的多学科数据库——科学引文检索（science citation index，SCI）的发展，还为研究科学的动态发展状况设计了一系列成熟的概念性工具。引文分析概念成为当今科学计量学、文献计量学、信息计量学、网络计量学的基础。加菲尔德的发明极大地改变了科学计量学家研究科学共同体的方式。经过多年发展，特别是美国科学信息研究所（Institute of Scientific Information，ISI）提供的引文数据库使引文结构的大样本统计分析越来越便利，知识图谱已成为科学共同体结构与发展实证研究的主流方法，广泛应用于很多学科领域。

2. 知识图谱的发展

知识图谱的发展经历了三个阶段。

第一阶段，引文分析技术的出现。1999 年，斯莫尔（Small）明确提出借助引文图谱实现科学可视化途径。从普赖斯、加菲尔德到斯莫尔，已确立起日臻完备的引文分析理论与方法，构成科学计量学的基础与主流，在一定意义上形成了科学计量学中一门成熟的分支学科——引文分析学。20世纪90年代以来，科学计量学运用统计分析、引文分析和网络分析的方法及计算机图形学、图像处理与可视化技术，在科学知识图谱和知识可视化方面得到了迅猛的发展。

第二阶段，社会网络分析技术阶段。在引文网络研究中，引入复杂网络和社会网络的基本概念与最新成果，把引文分析、复杂网络和社会网络三种理论与方法统一起来，尽可能把科学知识图谱理论与方法提高到一个新的水平。这种变化不仅可以对引文网络知识分布、知识流动、知识演化等特有规律产生深刻认识，还可以促进探索普遍存在于自然、社会和人文的复杂网络的一般规律，具有重大的学术价值。

第三阶段，可视化知识图谱阶段。1987年，美国国家科学基金会发表《科学计算中的可视化》，标志着科学可视化的诞生。信息可视化最早由罗伯逊（G. Robertson）等在 1989 年提出，是指在计算机、网络通信技术支持下，以认知为目的，对非空间的、非数值型的和高维信息进行交互式视觉表现的理论、方法与技术。计算机可视化信息处理软件，是通过直观的动态图像信息处理的方式，显示出专业领域中出现的交叉学科的复杂现象，从而获得详尽的前沿科学信息分析结果，它不仅有助于科学家在最短的时间里了解和预测前沿科技研究动态，还有助于在复杂的科研信息中开辟新的未知领域，提供快速独立科学判断的客观依据。2003 年，美国科学院组织的“Mapping Knowledge Domains”讨论会预示着世界科学计量学中知识图谱和可视化研究的春天的到来。我国大连理工大学的刘则渊教授以此次会议为契机，展开了对知识图谱的研究。他于2005年在国内提出开展知识图谱研究，于 2008 年出版了《科学知识图谱：方法与应用》一书。此后，知识图谱的应用研究在国内不断涌现，取得了丰硕的成果。

（三）知识图谱的种类

知识图谱分为传统科学计量图谱、三维构型图谱、多维尺度图谱、社会网络分析图谱、自组织映射图谱、寻径网络图谱（pathfinder network scaling map，PFNET）等多种类型。

1. 传统科学计量图谱

通过线性函数产生二维或三维统计图形（柱状图、线形图、扇形图、点分布图等），以最直观、简单的方式来展示对知识的统计结果。传统科学计量知识图谱以静态嵌合（mosaic）为主要特征，构成部分之间按照外在确定的标准安排，孤立呈现，彼此间几乎无交流和沟通存在。

2. 三维构型图谱

三维构型图谱是基于三维图形所产生的知识图谱。三维图形由国际著名科学计量学家德国人克雷奇默（H. Kretschmer）教授于 1987 年创立。她受心理学中“构型”（格式塔）理论的启发，将新的数学方法引入科学计量学领域，借助非线性函数形象地描述了科学家合著网络构型的三维图形。三维构型图谱中的各组成部分和点处于动态交互中，有着较密切的交流和相互作用。一旦形成某种有序的格局，不但其他组成部分和点的位置会被确定，而且构成自身的组成部分和点的位置也被其他部分所确定。

3. 多维尺度图谱

多维尺度图谱是基于多维尺度分析绘制出的知识图谱。多维尺度分析是通过非线性方法，把高维空间的数据转换到低维空间，转换后的数据仍可以较好地反映出原数据间的关系。多维尺度图谱中，点表示每一个事物或物体，点的位置凭借事物或物件间的相似关系安排。越相似的事物或物件，其所代表的两点间的距离越近；反之，其所代表的两点间的距离越远。多维尺度图谱中点处于欧几里得几何空间，可以采用二维、三维或者多维图形来展示它们之间的关系。

4. 社会网络分析图谱

社会网络分析图谱是基于社会网络分析（social network analysis，SNA）绘制出的知识图谱。社会网络分析开始于20世纪二三十年代的英国人类学研究。在社会劳动中，每个劳动者与其他劳动者之间存在或多或少的关系。社会网络分析就是通过构建上述关系的模型，描述和揭示群体间关系的结构对群体功能或者群体内部个体带来的影响。社会网络分析的计量法源于美国社会心理学家莫雷诺（Moreno）创立的社会测量法。如今，社会网络分析法广泛应用于网络社会关系发掘、支配类型发现及信息流跟踪等方面，以此判断和解释信息行为和信息态度。

5. 自组织映射图谱

自组织映射图谱是基于自组织特征映射模型（self-organizing feature map）理论绘制出的知识图谱。自组织特征映射模型理论于1981年由芬兰赫尔辛基理工大学卡汉（T. Kohone）教授提出。他针对传统图像分割技术存在的缺陷——无法模仿人对颜色进行区分，提取出森林火灾图像的火焰区域，提出了人造神经中枢网络对信息可视化及其自组织特征映射模型。它非常适合对图像进行自适应分割，能够模拟人脑中处于不同区域的神经细胞分工不同的特点，采用无监督的自适应分类方法，按照有序的拓扑映射结构，将任意维的输入信号自动转换到一维或者二维的离散网格上。

6. 寻径网络图谱

1990年，美国心理学家斯克沃斯慈恩巴克（R. W. Schvaneveldt）提出寻径网络图谱。该方法模拟人脑的记忆和联想方式，形成不同概念或实体间的语义网络。首先，对不同概念或实体间联系的相似性或差异性进行经验性评估，其次，应用图论中的基本概念和原理生成特殊的网状模型。

（四）知识图谱的特征

知识图谱具备动态性、空间性、知识依赖性、关联性四方面的特征。

1. 动态性

这是知识图谱区别于传统知识地图的本质特征，它以静态的图谱中点与点及连线的关系形式，揭示知识间隐含的动态结构变化信息。

2. 空间性

知识图谱以二维或者三维图形展示知识之间的空间结构，通过坐落空间位置和所占据领域大小来标示知识所处战略位置的重要程度。

3. 知识依赖性

知识图谱与一般图像的区别在于，一般图像是对原材料进行直接加工所生成的，而知识图谱是建立在对知识进行数据统计或者文本分析后，所构建的客观知识综合体的基础上的再次加工处理。知识图谱一般无法直接从原始知识材料中加工产生，它依赖于对原材料的再次加工。

4. 关联性

知识图谱可以揭示各知识点之间的相互关系，点与点在图谱中所处的距离远近表示它们间关系的亲疏，点与点之间连线的粗细表示它们间关系连接的力度大小。

二、知识图谱的基本方法

1973 年，斯莫尔发表《科学文献共被引分析：两个文献间关系的一种新方法》，提出了共引分析。此方法是在原有引文分析方法的基础上，借助国际上新兴的科学知识图谱方法与信息可视化技术，绘制科学计量学期刊共引地图，实现了引证分析的可视化。目前，国内外相关学者正积极致力于对引文分析这种重要工具的研究和完善。学术界推行最广的《中文核心期刊要目总览》和中国科学技术信息研究所的《中国期刊引证研究报告》就是借助引文分析方法对中国期刊情况进行统计分析的，并根据中国期刊具体情况不断地开发和完善，以期找寻最适合的分析方法。

（一）引文分析法

最早关注引文分析的学者是美国人谢泼德（Shepard），他于 1873 年创办了《谢泼德引文》（*Shepard's Citation*）供律师或法学家查阅法律判例及引用相关内容。1948 年，英国学者布兰德福特（Bradford S. C. ）在专著《文献工作》（*Document*）中提出可定量描述文献序性结构的经验定律：某学科大量的文献相对地集中在一定数量的杂志上，而剩余部分的文献则分散在其他大量相关杂志上，奠定了核心期刊与非核心期刊的思想。1955 年美国著名情报学家加菲尔德提出利用引用文献追踪科学进展的概念，引文分析法正式产生。他于 1963 年创办了《科学引文索引》，用于探讨科学的结构、评价与选择情况，考察科学著作及其科学家的社会影响等，产生了重要的影响。

引文分析法就是利用各种数学、统计学的方法及比较、归纳、抽象、概括等逻辑方法，对科学期刊、论文、著者等各种分析对象的引用和被引用现象进行分析，以便揭示其数量特征和内在规律，达到评价、预测科学发展趋势的一种信息计量研究方法。引文分析的出发点是正文和引文，即引用的文献和被引用的文献。引文分析法中多次被引用的文献说明它们涉及的主题或内容受到更多的关注，能够反映出学科领域普遍关注的热点问题。普赖斯认为，在科学论文之间形成的引文网络结构，只有极少数论文被新发表的论文较多引用，被引频次高的这一小部分论文可视为学科新的生长点，成为热门的科学前沿，为利用引文分析探测科学前沿的可行性奠定了理论基础。

（二）共被引分析法

用共被引分析法研究学科演进与变化的理论开始于 20 世纪 70 年代，由斯莫尔和格里菲斯（Griffith）及玛莎科娃（Marshakova）分别提出。共被引分析总体上是指当两篇文献共同出现在第三篇文献的参考文献目录中时，这两篇文献就成为共引关系。共被引分析大体上分为文献共被引分析、期刊共被引分析、作者共被引分析和学科共被引分析等。

文献共被引分析是最基本的一类共被引关系，主要体现了被一篇文献同时引用的参考文献之间的关系，进而可以进行文献学方面的理论研究。从分析共被引文献的类型、内容等角度出发，可以研究文献体系的特征结构及分布等方面的规律。引文网络的疏密反映引文之间的相互关系、联系特征和发展状况及趋势等。

n（$n \geq 2$）个作者发表的文献同时被别的文献所引用，则称这 n 个作者具有共被引关系。作者共被引是以文献的作者为基本单元而建立的关系，当 n 个作者被某一主题文献的作者同时引用，而且被引频率越高时，则二者之间专业联系越紧密，因此通过作者共被引分析可以获得作者数量、构成、活动规律等情况。

（三）多元统计分析法

多元统计分析是对若干相关的随机变量观测值的分析，主要包括因子分析（主成分分析）、多维尺度分析和聚类分析。在几何学中，这一过程通过矩阵关系体现。例如，在固定的学科范围内选择一定数量的文献，并研究这些文献群组的共被引矩阵。

多维尺度分析通过二维空间来展示作者或文献之间的联系，并利用平面距离来体现各个作者或文献之间的相似程度。在知识图谱中，作者或文献的位置体现了其之间的相似性，并且处于中心位置的作者或学科主题越集中，就越能体现其在这一学科中的中心地位，反之，则处于边缘地带，不是研究关注的重点内容。

聚类分析是最常用的多元统计分析方法，其研究起点是通过原始文献相关数据的矩阵来获得点的二维图。通过聚类分析，可以掌握一门学科研究主要关注的主题，掌握最新的学科研究热点，把握学科焦点所在。

（四）词频分析法

词频分析法是最常见的文献计量学的统计方法之一，其依据是齐普夫定律（Zipf’s law）。在海量文献中，不同词汇或词语的使用及出现频率是有一定规律的，因此有关词频分布的规律通过齐普夫的研究正式成为一种统计方法。它主要是通过词汇或词语出现频次的多少来确定研究热点与发展趋势。

词频分析一般主要包括数据检索、清洗加工、词汇提取、统计分析等阶段。整个过程较为烦琐复杂，结束之后对结果进行解释并得到一些结论。通常来讲，可通过词频分析法与共被引分析法、多元统计分析法相结合的方法来确定学科前沿的知识图谱。

（五）社会网络分析法

社会网络分析是一门交叉科学技术，其主要技术来源于数学与计算机。社会网络是多数人的集合，其中的每一个人都与其中某个子个体的人相互认识，这样的网络可以用点（或矢量）的集合来代表人，用线的连接表示相识，而关系的强弱通常用线的粗细表示，用社会网络进行分析时，主要用到的指标有最短路径、网络直径、平均路径长度、网络密度、节点的度中心性、节点的接近中心性等。

社会网络分析可以成功地研究科学合作网络和互联网中的可视化网络，可以较好地展现一个学科范围的合作网络与发展状况。

第二章
中国教育政策学研究热点的知识图谱

如何把握一个知识域的结构与演变，对置身于当今信息社会的我们，是一项前所未有的重大课题①。研究热点是某学科领域共同关注的研究对象，是随着时代需要与学科自身发展而变迁的动态变量，反映了某一段时间该学科的研究人员对一些特定问题的持续关注度。对研究热点的判断有两类基本方法：一类是经验判断方法，依据本学科领域研究者的经验，借之以文献检索，总结归纳出本领域某一时期的研究热点；另一类是科学计量学的方法，主要以文献的“关键词”为线索，通过知识图谱分析和多元统计，通过关键词之间关联的强弱来挖掘学科知识结构之间的亲疏关系程度，将海量的文献信息转换成可视化的知识图谱，直观地展现不同时期的研究热点及变化。

本章以科学计量方法为主，通过对1985—2015年教育政策学研究热点的知识图谱进行分析，直观展示教育政策学研究热点问题。同时，为了弥补知识图谱方法的缺席，通过阅读和经验判断，本章对知识图谱体现的研究热点问题进行主观分析和必要的修正。

一、资料来源与研究工具

某个学科领域的萌芽、发展和演变往往反映在文献中，而关键词反映的是文献的精髓与中心表达，是文献研究者通过深思熟虑高度总结提炼得到的，因此是体现文献研究内容和研究方法的最为直观和简便的形式。旧关键词的消亡与新关

① 刘则渊，陈悦，候海燕. 科学知识图谱：方法与应用[M]. 北京：人民出版社，2008.

键词的出现则意味着该学科领域发展的新动向，它们能动态地反映该学科在某个特定历史背景下的发展变化过程。利用关键词的词频统计方法，可将文献信息转化为可量化的数据资料进行分析，进而形成研究的资料。

（一）资料来源

以“中国学术期刊网络出版总库”为研究资料来源库，采用标准检索，选择“期刊”“高级检索”，将期刊年限设定为“1985—2015 年”，期刊来源类别为“所有期刊”，以“教育”并含“政策”为检索条件，共获得相关文献 7 618 篇。为了保证研究的可靠性与有效性，采取去除会议纪要、人物专访、报纸评论、刊物征稿要求、征订启事、刊物总目录信息等非研究型文献的方法，共得到 5 893 篇有效文献。

（二）研究工具

从中国知网（China National Knowledge Infrasturcture，CNKI）选取研究资料后，进行收集和整理，即将从“中国知网”导出的“编码类型”为“UTF-8”的纯文本文件“另存为”一个“编码类型”为 Bicomb 的可识别的“ANSI”的纯文本文件，并借助 Bicomb 共词分析软件、SPSS 19.0 统计软件和 Excel 软件进行分析。Bicomb 基本操作步骤：一是运用 Bicomb 软件进行关键词统计；二是提取统计结果；三是进行关键词共词矩阵分析；四是导出共词矩阵。SPSS 19.0统计软件基本操作步骤：一是打开“数据”选择词篇矩阵；二是“分析—聚类分析”；三是导出树状图与相似矩阵；四是打开相异矩阵，进行“分析—度量—多维尺度[ALSCAL（M）]”获得战略图；五是通过“分析—降维—因子分析”得到因子分析的结果。Excel 软件的作用是将相似矩阵转化为相异矩阵。

（三）关键词的标准化

科学计量学与文献计量学的重要指标是关键词。然而要从海量的关键词中快速把握研究趋势还是有困难的，从初步统计结果来看，一方面，中国教育政策学在关键词的标注上存在一定的随意性，使得 62.9%的关键词只出现过 1 次。另一方面，大量关键词标注存在近义词或同义词，不能进行有效的共词技术分析。因此，需要对收集到的关键词进行标准化处理，即将多次出现的同义词或近义词替换为一个较为规范的关键词，如将“职业学校”“职业院校”“职业技术学校”等同义词统一规范为“职业院校”，将“随迁子女”“流动人口子女”“农民工随迁子女”“进城务工人员农民工子女”等同义词统一规范为“农民工子女”，将“农村”“农村地区”等同义词统一规范为“农村”，等等，从而形成研究的资料来源。经过标准化处理后，总共提取出 10 144 个关键词，出现的总频次为 30 517 次，平均每个关键词出现 3.01 次。

二、研究结果与分析

（一）高频关键词的提取

关键词出现频次的高低可以充分说明某个领域的被关注程度。通常来说，高频关键词通常被用来确定研究领域的热点问题。依据普赖斯界定公式、我国学者孙清兰提出的高频词与低频词的临界值计算公式及各数量同频词的词频估算法，最终确定高频低频词阈值为 31，得到 85 个高频关键词，其排序结果见表 2-1。

表 2-1　85 个高频关键词排序

序号	关键词	频次	序号	关键词	频次	序号	关键词	频次
1	教育政策	1 975	13	政策分析	134	25	教育发展	93
2	高等教育	469	14	美国	129	26	政策建议	89
3	教育公平	375	15	教师教育	115	27	中等职业教育	87
4	义务教育	355	16	民办高等教育	115	28	外语教育	84
5	职业教育	270	17	政策执行	114	29	教育经费	82
6	民族教育	212	18	政策研究	111	30	高等教育政策	80
7	教育改革	173	19	教育均衡发展	109	31	政策法规	73
8	高职教育	159	20	农村教育	103	32	英国	72
9	基础教育	151	21	教育质量	101	33	语言政策	71
10	财政政策	151	22	教育	100	34	职业教育政策	69
11	民办教育	144	23	教育事业	99	35	价值取向	65
12	公共教育	138	24	农民工子女	95	36	对策	63

续表

序号	关键词	频次	序号	关键词	频次	序号	关键词	频次
37	问题	63	54	师范生免费教育	44	71	继续教育	34
38	教育政策启示	60	55	政策调整	42	72	入学机会	34
39	学前教育	57	56	体制改革	41	73	教育投资	33
40	终身教育	57	57	政策过程	41	74	高中教育	33
41	研究生教育	53	58	教育体制	40	75	中国教育	33
42	优惠政策	52	59	教育体制	40	76	政策制定	33
43	建议	50	60	农村	40	77	校企合作	33
44	政策选择	50	61	素质教育	40	78	政策变迁	33
45	少数民族	49	62	中国	40	79	课程政策	32
46	远程教育	48	63	政策评估	40	80	流动儿童	32
47	日本	47	64	农村职业教育	40	81	税收政策	32
48	双语教育	46	65	欧盟	39	82	政策工具	32
49	教育国际化	45	66	教育资源配置	37	83	成人教育	31
50	农村义务教育	45	67	师范生	37	84	教育管理	31
51	资助政策	45	68	重点学校	37	85	成本分担	31
52	发展	44	69	澳大利亚	36	合计		8 837
53	民族地区	44	70	新加坡	36			

从表2-1可以看出，85个高频关键词总共出现8 837次，占关键词出现总频次的28.96%，对前85位关键词排序，可以了解到1985—2015年教育政策学研究的集中热点、轨迹与动向。前 30 位关键词频次均大于等于 80，教育政策（1 975）、高等教育（469）、教育公平（375）、义务教育（355）、职业教育（270）、民族教育（212）、教育改革（173）、高职教育（159）、基础教育（151）、财政政策（151）、民办教育（144）、公共教育（138）、政策分析（134）、美国（129）、教师教育（115）、民办高等教育（115）、政策执行（114）、政策研究（111）、教育均衡发展（109）、农村教育（103）、教育质量（101）、教育（100）、教育事业（99）、农民工子女（95）、教育发展（93）、政策建议（89）、中等职业教育（87）、外语教育（84）、教育经费（82）、高等教育政策（80），其余的55个关键词呈现频次都大于或等于31。由

此可知，1985—2015 年教育政策学的研究多围绕教育政策与政策建议、高等教育与民办教育、教育质量与教育事业、教育公平与农民工子女等方面的主题。然而，只是对高频关键词进行词频统计分析，还难以发现关键词之间的联系，需要进一步采用关键词共现技术来深度剖析高频关键词间隐藏的重要信息及联系。

（二）高频关键词的相异矩阵及分析

高频关键词的 Ochiai 系数相异分析的基本原理是，相异矩阵中的数字表明数据间的相异性，其数值越接近 1，表明相应的两个关键词之间的距离越远、相似度越小；反之，数值越接近 0，则表明关键词之间的距离越近、相似度越大。

运用 Bicomb 软件，选择高频低频词的阈值为 31，生成词篇矩阵；将该矩阵导入 SPSS 19.0 统计软件，选择“分析—度量—多维尺度[ALSCAL（M）]”，选取“Ochiai”系数生成一个 85×85 的共词相似矩阵，之后利用 Excel 软件将该矩阵转换为相异矩阵，结果如表 2-2 所示。

表 2-2　高频关键词 Ochiai 系数相异矩阵（部分）

高频关键词	教育政策	高等教育	教育公平	义务教育	职业教育	民族教育	教育改革	高职教育	基础教育	财政政策	民办教育	公共教育	政策分析	美国	教师教育	民办高等教育
教育政策	0.000	0.898	0.852	0.894	0.890	0.950	0.864	0.905	0.932	0.992	0.920	0.963	0.951	0.913	0.922	0.896
高等教育	0.898	0.000	0.906	0.995	0.989	0.997	0.979	0.996	0.992	0.957	0.965	0.941	0.972	0.919	1.000	0.996
教育公平	0.852	0.906	0.000	0.911	0.997	0.946	0.968	1.000	0.958	0.926	0.965	0.920	0.987	0.968	0.995	0.995
义务教育	0.894	0.995	0.911	0.000	0.987	0.996	0.972	1.000	0.957	0.906	0.986	0.968	0.958	0.995	0.990	1.000
职业教育	0.890	0.989	0.997	0.987	0.000	1.000	0.986	0.966	1.000	0.969	0.995	0.995	0.968	0.984	1.000	1.000
民族教育	0.950	0.997	0.946	0.996	1.000	0.000	0.994	1.000	1.000	1.000	1.000	0.994	1.000	0.994	1.000	1.000
教育改革	0.864	0.979	0.968	0.972	0.986	0.994	0.000	0.982	0.944	0.994	0.968	0.961	1.000	0.973	0.993	1.000
高职教育	0.905	0.996	1.000	1.000	0.966	1.000	0.982	0.000	1.000	0.993	0.987	1.000	0.979	0.993	1.000	1.000
基础教育	0.932	0.992	0.958	0.957	1.000	1.000	0.944	1.000	0.000	0.986	0.993	0.965	0.993	0.971	0.970	1.000
财政政策	0.992	0.957	0.926	0.906	0.969	1.000	0.994	0.993	0.986	0.000	0.986	0.986	1.000	0.970	1.000	0.944
民办教育	0.920	0.965	0.965	0.986	0.995	1.000	0.968	0.987	0.993	0.986	0.000	0.957	0.949	0.985	1.000	0.984
公共教育	0.963	0.941	0.920	0.968	0.995	0.994	0.961	1.000	0.965	0.986	0.957	0.000	0.978	1.000	1.000	0.992
政策分析	0.951	0.972	0.987	0.958	0.968	1.000	1.000	0.979	0.993	1.000	0.949	0.978	0.000	1.000	0.992	1.000
美国	0.913	0.919	0.968	0.995	0.984	0.994	0.973	0.993	0.971	0.970	0.985	1.000	1.000	0.000	0.975	0.983
教师教育	0.922	1.000	0.995	0.990	1.000	1.000	0.993	1.000	0.970	1.000	1.000	1.000	0.992	0.975	0.000	1.000
民办高等教育	0.896	0.996	0.995	1.000	1.000	1.000	1.000	1.000	1.000	0.944	0.984	0.992	1.000	0.983	1.000	0.000

表 2-2 说明，各关键词分别与教育政策的距离由远及近依次为：财政政策（0.992）、公共教育（0.963）、政策分析（0.951）、民族教育（0.950）、基础教育（0.932）、教师教育（0.922）、民办教育（0.920）、美国（0.913）、高职教育（0.905）、高等教育（0.898）、民办高等教育（0.896）、义务教育（0.894）、职业教育（0.890）、教育改革（0.864）、教育公平（0.852）。

由此可知，在教育政策学研究中，学界经常将“教育政策”与“教育公平”“教育改革”“职业教育”结合起来论述。同时，分析比较表 2-2 中的系数大小可以发现，“高等教育”与“教育政策”“教育公平”经常一起出现；“教育公平”与“教育政策”“高等教育”经常一起出现；“民办高等教育”除了与“教育政策”较常一起出现，与其他关键词距离都较远。这一结果说明：学界在研究教育政策时，经常会关注到教育公平与教育改革、高等教育与民办高等教育、职业教育等问题。

（三）高频关键词聚类图及其分析

聚类结果能够反映关键词之间的亲疏，可以进一步呈现教育政策学的研究热点。关键词聚类分析的原理是以它们成对在同一篇文献中出现的频率（共词）为分析对象，利用聚类的统计学方法，把关联密切的关键词聚集在一起形成类团。关键词聚类分析时，首先以最有影响的关键词（种子关键词）生成聚类；其次，由聚类中的种子关键词及相邻的关键词再组成一个新的聚类。关键词越相似，它们的距离越近；反之，则较远。

将经过标准化处理后提取阈值大于或等于 31 的 85 个关键词的词篇矩阵导入 SPSS 19.0 统计软件进行聚类分析，得到的聚类结果见图 2-1。通过聚类分析结果显示的聚团连线距离远近，可以直观地看出教育政策学研究高频关键词可分为 15 类，分别为“职业教育校企合作中的问题与对策建议研究”（种类 1）、“农村中等职业教育资助政策研究”（种类 2）、“远程教育政策法规研究”（种类 3）、“学前教育税收政策研究”（种类 4）、“少数民族教育优惠政策发展及其政策选择研究”（种类 5）、“教育投资体制政策研究”（种类 6）、“研究生教育成本分担及其民办高等教育政策建议研究”（种类 7）、“义务教育均衡视野下农民工子女与流动儿童教育政策执行研究”（种类 8）、“公共教育政策的价值取向与政策工具及其基础教育质量与体制政策研究”（种类 9）、“基于

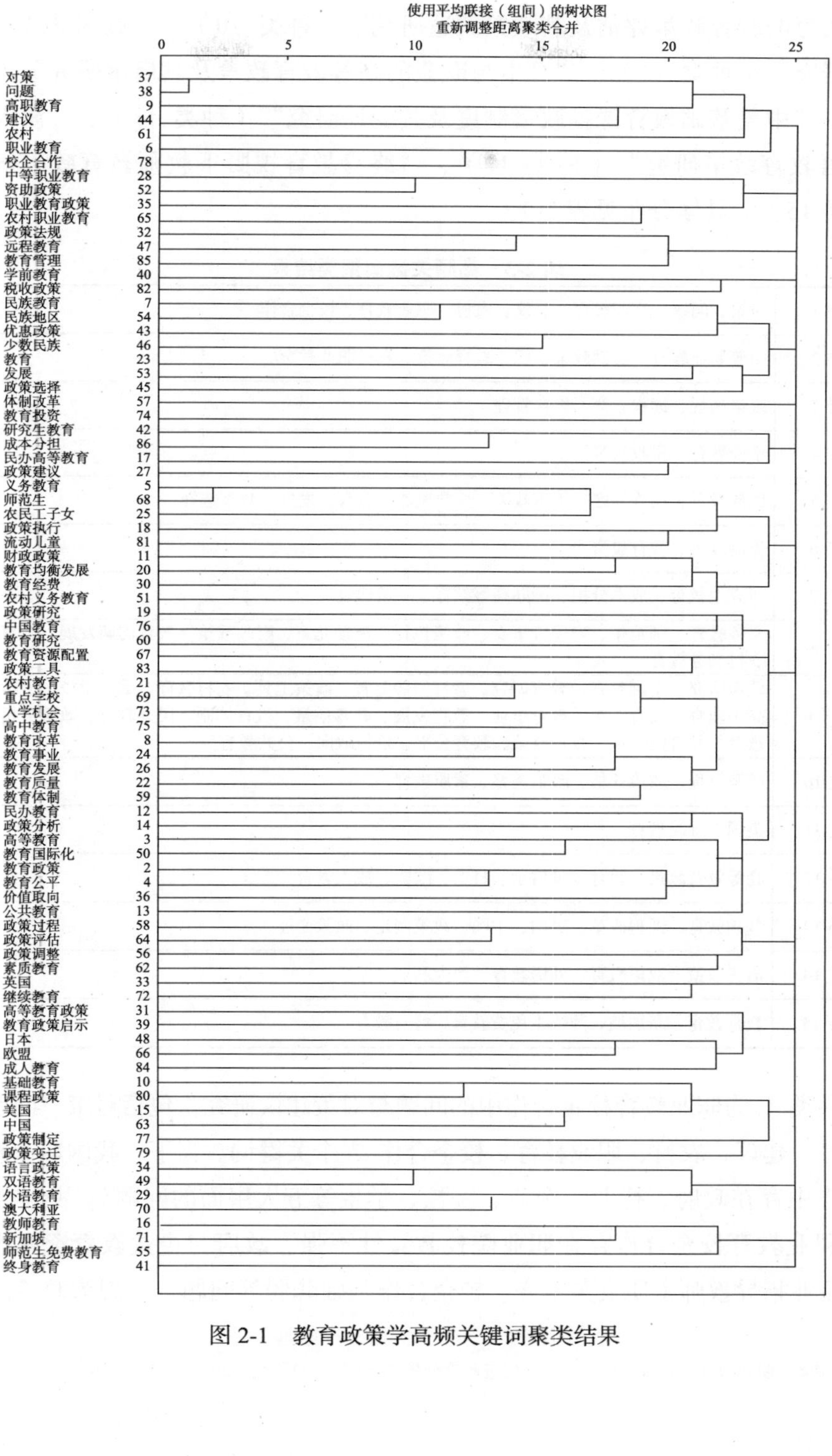

使用平均联接（组间）的树状图
重新调整距离聚类合并

0 5 10 15 20 25

对策 37
问题 38
高职教育 9
建议 44
农村 61
职业教育 6
校企合作 78
中等职业教育 28
资助政策 52
职业教育政策 35
农村职业教育 65
政策法规 32
远程教育 47
教育管理 85
学前教育 40
税收政策 82
民族教育 7
民族地区 54
优惠政策 43
少数民族 46
教育 23
发展 53
政策选择 45
体制改革 57
教育投资 74
研究生教育 42
成本分担 86
民办高等教育 17
政策建议 27
义务教育 5
师范生 68
农民工子女 25
政策执行 18
流动儿童 81
财政政策 11
教育均衡发展 20
教育经费 30
农村义务教育 51
政策研究 19
中国教育 76
教育研究 60
教育资源配置 67
政策工具 83
农村教育 21
重点学校 69
入学机会 73
高中教育 75
教育改革 8
教育事业 24
教育发展 26
教育质量 22
教育体制 59
民办教育 12
政策分析 14
高等教育 3
教育国际化 50
教育政策 2
教育公平 4
价值取向 36
公共教育 13
政策过程 58
政策评估 64
政策调整 56
素质教育 62
英国 33
继续教育 72
高等教育政策 31
教育政策启示 39
日本 48
欧盟 66
成人教育 84
基础教育 10
课程政策 80
美国 15
中国 63
政策制定 77
政策变迁 79
语言政策 34
双语教育 49
外语教育 29
澳大利亚 70
教师教育 16
新加坡 71
师范生免费教育 55
终身教育 41

图 2-1 教育政策学高频关键词聚类结果

素质教育的教育政策评估及其政策调适研究”（种类 10）、“英国继续教育的政策研究”（种类 11）、“日本与欧盟的高等教育政策及其启示研究”（种类 12）、“中美基础教育课程政策制度及其变迁研究”（种类 13）、“澳大利亚的外语教育政策研究”（种类 14）、“终身教育视野下教师教育政策研究”（种类 15）。具体分布见表 2-3。

表 2-3　高频关键词聚类结果

种类 1	对策、问题、高职教育、建议、农村、职业教育、校企合作
种类 2	中等职业教育、资助政策、职业教育政策、农村职业教育
种类 3	政策法规、远程教育、教育管理
种类 4	学前教育、税收政策
种类 5	民族教育、民族地区、优惠政策、少数民族、教育、发展、政策选择
种类 6	体制改革、教育投资
种类 7	研究生教育、成本分担、民办高等教育、政策建设
种类 8	义务教育、师范生、农民工子女、政策执行、流动儿童、财政政策、教育均衡发展、教育经费、农村义务教育
种类 9	政策研究、中国教育、教育研究、教育资源配置、政策工具、农村教育、重点学校、入学机会、高中教育、教育改革、教育事业、教育发展、教育质量、教育体制、民办教育、政策分析、高等教育、教育国际化、教育政策、教育公平、价值取向、公共教育
种类 10	政策过程、政策评估、政策调整、素质教育
种类 11	英国、继续教育
种类 12	高等教育政策、教育政策启示、日本、欧盟、成人教育
种类 13	基础教育、课程改革、美国、中国、政策制定、政策变迁
种类 14	语言政策、双语教育、外语教育、澳大利亚
种类 15	教师教育、新加坡、师范生免费教育、终身教育

种类 1 为职业教育校企合作中的问题与对策建议研究，包括对策、问题、高职教育、建议、农村、职业教育、校企合作 7 个关键词。当下，我国职业教育校企合作中存在政府、行业、企业、院校、学生等五大层面的问题[①]。具体来说，包括职业教育校企合作存在职业院校教育性不强、政府与企业教育资源投入不足、企业指导教师素质良莠不齐、校企合作基础薄弱等问题，表现为政策缺位引

① 和震. 职业教育校企合作中的问题与促进政策分析[J]. 中国高教研究，2013，（1）：90-93.

起企业参与校企合作的热情度不高，法律法规不完善致使企业参与校企合作得不到保障①。尽管职业技术教育是一个“双赢”的活动，但是校企双方并未认识到职业教育的本质特征，现实合作中出现了“雷声大，雨点小”的现象。政府也未意识到职业教育是社会主义市场经济体制的新要求，在经费投入上的比例仍远少于普通教育，特别是与普通本科院校相比，职业院校的经费投入比例少，而职业教育相关法律的不健全则使校企合作缺乏保障，加重了校企合作发展的滞后。

另外，由于“职业教育”这个概念与“职业技术院校”的概念最早出现在西方国家，我国引入“职业教育”及“职业技术院校”是在民国时期，在一定程度上借鉴了西方职业教育发展的制度，缺乏适合我国本土性的职业教育法案。但是单独解决任何一方面的问题都不能有效地解决职业教育校企合作的问题，因为职业教育校企合作中的问题不仅是一个跨部门的问题，还是一个跨领域的问题，而且企业参与校企合作的动机复杂、校企双方存在博弈行为、制度建设滞后。

因此，需要国家统筹职业教育校企合作政策，进行顶层设计，给国家技术技能的积累和高素质技能人才的培养提供制度保障②。也就是说，在制度层面应围绕核心问题进行制度创新，尽快制定出国家职业教育校企合作的相关法规，明确各方参与的权责，把提高认识、加大资源投入落到实处，在政策层面“建立准入资格和质量评估制度、激励保障与利益共生机制”等校企合作体制机制③。“做好顶层设计、完善组织结构、建立科学的决策体系”④，最终达到构建系统的职业教育校企合作的法制体系和完善高素养技能型人才培养的制度的目的。当然，职业教育的发展也需要一个成熟的校企合作的外部环境，需要对校企合作相关的社会文化、科学技术、经济和法律环境等方面进行不断的优化。

种类 2 为农村中等职业教育资助政策研究，包括中等职业教育、资助政策、职业教育政策、农村职业教育 4 个关键词。农村中等职业教育的发展一直是职业教育领域的薄弱环节，改革开放后，市场经济的地位愈加突出，以农业专业为主的农村职业教育面临着严峻的挑战。直到 2007 年 5 月 13 日，国务院颁布了《国务院关于建立健全普通本科高校高等职业学校和中等职业学校家庭经济困难学生

① 张利庠，庞连义，张喜才. 职业教育校企合作存在的问题与对策[J]. 中国职业技术教育，2008，（11）：15-20.
② 和震. 职业教育校企合作中的问题与促进政策分析[J]. 中国高教研究，2013，（1）：90-93.
③ 何兴国，潘丽云. 职业教育校企合作实践的问题与对策研究[J]. 教育与职业，2014，（3）：25-26.
④ 李艳梅. 我国职业教育校企合作的成就和问题及其对策初探[J]. 职教论坛，2015，（36）：26-30.

资助政策体系的意见》，中央和地方政府才开始加大支持力度，才明确把中等职业学校学生资助政策纳入国家整个学校家庭经济困难学生资助政策的体系中，并在经费安排上予以重点倾斜。2007 年 6 月，财政部、教育部印发了《中等职业学校国家助学金管理暂行办法》和《中等职业学校学生实习管理办法》两个配套文件，就落实中等职业学校学生资助政策做出了明确规定，这些政策和规定在一定程度上改善了我国中等职业学校学生的就学和生活状况。

2009 年 12 月 5~7 日，中共中央、国务院召开的中央经济工作会议在北京举行，教育部副部长鲁昕指出，今后一个时期，一是继续完善和落实中等职业学校学生资助政策体系和免费政策，二是加强县级职教中心建设，三是继续加强“三教”统筹、“农科教”结合，强化各类职业教育资源的统筹协调和综合利用，广泛开展农民工培训、农村实用技术培训和农村劳动力转移培训①。他表示教育部将进一步加快发展农村职业教育，提高其服务县域经济和社会发展能力，不仅要试行免费中职教育，还要制定振兴中等农业职业教育计划，不断扩大农林类专业招生规模，同时广泛开展农民工培训、农民实用技术培训和农村劳动力转移培训，到 2012 年累计完成农村劳动力培训 3.5 亿人次以上②。

但是，当前农村职业教育依然存在众多的困难和问题，一是中等农业职业教育与农业现代化、产业化发展和社会主义新农村建设的需要不适应，其发展严重滞后；二是农村职业教育的办学条件简陋，与教育教学的需要不适应；三是专业设置、人才培养与农村需求脱节，与经济社会发展的需要不适应；四是师资队伍数量不足、水平偏低，与中等职业教育人才培养模式的要求不适应；五是农村职业学校毕业生深造空间狭小，与农民子女继续升学的愿望不适应③。

尽管近年来国家对各地中等职业学校实行不同程度的免费政策及各地因地制宜地制定了减免学费的标准，不断加大对农村中职学生的资助力度，但是农村职业教育仍存在一定困难，国家增加对农村职业教育的资助并未相应地增加职业学校的吸引力，农林类职业教育依然发展滞后，农林类专业在校生占全国中职在校生总数比例少，农村职业教育办学条件依然简陋。师资队伍数量少且水平低，中职招生难依旧是严峻的问题。

① 中国职业技术教育编辑部. 农村职业教育　大有可为　任重道远[J]. 中国职业技术教育，2010，（4）：5.

② 我国将对涉农专业和农村贫困生实行免费中职教育[J]. 教育发展研究，2009，（23）：87.

③ 农村职业教育依然困难多多[J]. 职业技术教育，2009，（36）：21.

种类 3 为远程教育政策法规研究，包括政策法规、远程教育、教育管理 3 个关键词。远程教育也称网络教育，是指应用电视、互联网等传播媒体的教学模式，是成人教育学历中的一种。远程教育不同于传统的在校住宿的教学模式，它突破了时空的界限，不受特定时空的限制，因此使用该种教学模式的通常是已步入社会进行业余进修的群众，他们可以通过电视广播、互联网、辅导专线、课研社、面授（函授）等多种不同渠道互助学习。

虽然我国现代远程教育发展历史不长，却发展得甚为迅猛。任何事物的发展都不可能是完美的，势必会带来一定的问题，我国现代远程教育的试点学校的网络学院设置、专业设置和办学层次三个方面仍有诸多需要完善之处。2000 年，《关于支持若干所高等学校建设网络教育学院　开展现代远程教育试点工作的几点意见》出台，对现代远程教育试点工作做出了相关规定。教育部办公厅提出了“支持若干所高等学校建设网络教育学院，开展现代远程教育试点工作”的目标，专业要基于“社会需求旺盛”的程度来设置，办学层次方面“试点 2 年后，教育部将组织中期检查”①。但是由于政策法规是一种纲领性的指导文件，在实践细节和操作上不可避免地存在一些不足。

2002 年 1 月和 7 月教育部分别出台了《关于现代远程教育校外学习中心（点）建设和管理的原则意见（试行）》和《教育部关于加强高校网络教育学院管理提高教学质量的若干意见》两份文件，对现代远程教育校外学习中心（点）的管理及加强网络教育学院教学质量的管理提出了更明确的意见。要求网络教育学院要以在职人员的继续教育为主，逐步减少并最终停止招收全日制高中起点普通本专科网络教育学生，在招生工作管理、教学过程和制度管理及考试管理上要确保网络教育的质量，另外明确规定了建立年报和年检制度以保证办学质量的高层次。

2004 年 1 月，教育部颁布了《教育部办公厅关于对现代远程教育试点高校网络教育学生部分公共课实行全国统一考试的通知》，决定对现代远程教育试点高校网络教育学生的部分公共课实行全国统一考试，进一步提高了远程教育的社会声誉，提升了远程教育的生源质量及办学质量，推进了现代远程教育的持续、健康发展。

---

① 唐燕儿. 中国现代远程高等教育呼唤新政策法规[J]. 中国远程教育，2007，（5S）：19-22.

种类 4 为学前教育税收政策研究，包括学前教育、税收政策 2 个关键词。广义的学前教育是指对从出生到 6 周岁或 7 周岁的儿童实施的保育和教育，狭义的学前教育仅对 3~6 周岁或 3~7 周岁的儿童实施的保育和教育。无论是广义的学前教育还是狭义的学前教育对儿童都具有非常重要的影响，包括儿童智力的发展、习惯的养成、人格的形成等方面。

2010 年《国家中长期教育改革和发展规划纲要（2010-2020 年）》提出，到 2020 年，普及学前一年教育，基本普及学前两年教育，有条件的地区普及学前三年教育。《国务院关于当前发展学前教育的若干意见》指出通过保证合理用地、减免税费等方式，支持社会力量办园。然而在现实中，由于政策权责界定模糊，社会的参与度和积极性不高，减免税收政策在促进学前教育发展上发挥的导向性作用和激励性作用明显不足。按照现行税收政策的相关规定，学前教育机构在规定标准范围内的收费免征营业税，已经超过标准的收费要全额征收营业税。

特别是随着入园难、入园贵现象的大量涌现，处于市场经济环境中的民办幼儿园竞争激烈，运营成本较高，导致其办学初期的保教费、教育费收费普遍高于政府规定的标准，与政府倡导的制定优惠政策来鼓励社会力量办园和捐资助园的精神不符。此外，现行税收政策规定了保教费、教育费免征营业税，而对于民办幼儿园在办学过程中收取的赞助费、支教费，以及代收的服装费等费用是否征收营业税①，规定则不明确，导致各参与方的意见不一致，执行不同步，一定程度上影响了办学的热情。

为鼓励和引导社会力量关注支持学前教育，我国出台了一系列法律法规。依据《中华人民共和国企业所得税法》第九条，企业发生的公益性捐赠支出，在年度利润总额 12%以内的部分，准予在计算应纳税所得额时扣除；依据《中华人民共和国个人所得税法》第六条和《中华人民共和国个人所得税法实施条例》第二十四条，个人指赠幼儿园机构办学时，捐赠数额不超过纳税人申报的应纳税所得额 30%的，予以扣除；依据《财政部　国家税务总局关于教育税收政策的通知》，纳税人向幼儿园捐赠时，通过国家机关或非营利性机构的，其捐赠额在纳税时可全额扣除。从上述规定可以看出，国家现行相关法律法规对捐赠行为的税收减免规定不尽一致，这些不同层次、不同条件的捐赠规定，既影响捐赠企业和

① 王福兰. 支持学前教育发展的税收政策建议[J]. 税务研究，2015，（6）：98-100.

个人的捐赠积极性，又影响税收政策激励引导作用的发挥。

因此，当下需要制定权责清晰的、系统的学前教育税收优惠政策，包括学前教育机构捐赠的税收优惠政策，帮助符合条件的民办学前教育机构申请享受小微企业所得税优惠，学前教育机构在“营改增”后仍可享受曾经享有的营业税优惠政策和接送幼儿的校车的车辆购置税优惠政策①。也就是说，总体上加大学前教育的增值税优惠力度，把政策规定落到实处，从根本上带动民办学前教育的积极性。

种类 5 为少数民族教育优惠政策发展及其政策选择研究，包括民族教育、民族地区、优惠政策、少数民族、教育、发展、政策选择 7 个关键词。我国政府对少数民族实行了一系列教育优惠政策以提高少数民族地区文化再生产的能力。自中华人民共和国成立以来，我国陆续颁布了一系列关于少数民族教育的优惠政策，1950 年教育部颁布了《关于高等学校 1950 年度暑期招考新生的规定》，明确指出对于少数民族学生“得从宽录取”。1953 年教育部发布了《关于全国高等学校 1953 年暑期招考新生的规定》，指出：“少数民族学生报考时缴验有关机关团体的介绍函件者，当其考试成绩达到所报考系科的录取标准时，应优先录取。”1962 年中央批准《关于民族工作会议的报告》，并明确提出要恢复高等院校录取少数民族学生的照顾办法，同年，教育部、中央民委商议下发《关于高等学校优先录取少数民族学生的通知》指出：“少数民族学生报考本自治区所属的高等学校，可以给予更多的照顾，考试成绩达到教育部规定的一般高等学校录取新生的最低标准时，就可以优先录取。”教育部在《关于 1978 年高等学校招生工作的意见》中指出：“对边疆地区的少数民族考生，最低录取分数线及录取分数段，可适当放宽。”

20 世纪 80 年代，国家在部分重点高校和有关省、自治区的普通高等学校设立专门的少数民族预科班和民族班，招收少数民族学生。1987 年国家教育委员会颁布的《普通高等学校招生暂行条例》指出，对边疆、山区、牧区、少数民族聚居地区的少数民族考生，“可根据当地的实际情况，适当降低分数，择优录取散居于汉族地区的少数民族考生，在与汉族考生同等条件下，优先录取少数民族考生，从参加当年高考的边疆、山区、牧区等少数民族聚居地区的少数民族考生中，适当降低分数，择优录取”。20 世纪 90 年代，改革开放已取得初步成效，针

① 王福兰. 支持学前教育发展的税收政策建议[J]. 税务研究，2015，（6）：98-100.

对落后的少数民族地区，1993 年，国家教育委员会办公厅印发了《关于对全国 143 个少数民族贫困县实施教育扶贫的意见》，提出了经济教育比较发达的省、直辖市与当时国家重点扶持的 143 个少数民族贫困县开展教育对口支援协作，明确了协作关系和教育扶贫的主要任务，并具体落实实施①。

为进一步促进少数民族地区文化再生产，2004 年教育部、国家发展和改革委员会、国家民委、财政部和人事部等部门下发了《关于大力培养少数民族高层次骨干人才的意见》，决定在全国实施“少数民族高层次骨干人才培养计划”。2005 年国务院发布《国务院实施〈民族区域自治法〉若干规定》，第二十四条规定“上级人民政府从政策和资金上支持民族自治地方少数民族文化事业发展，加强文化基础设施建设，重点扶持具有民族形式和民族特点的公益性文化事业，加强民族自治地方的公共文化服务体系建设，培育和发展民族文化产业”。

当前，我国已经形成了一套较成熟的以“少数民族高考加分政策”“少数民族预科教育政策”“少数民族高层次骨干人才计划”等为典型代表的少数民族教育优惠政策体系。同时，对于人口较多、生活处于边疆地区的较为落后的少数民族地区，为加快少数民族人民文化素质的提升，国家颁布了一系列政策法规来保障少数民族的教育。1984年12月，教育部、国家计委下发了《关于落实中央关于在内地为西藏办学培养人才指示的通知》，2005 年教育部、国家发展改革委、财政部下发《关于扩大内地新疆高中班招生规模的意见》，加快了在内地开办西藏班（校）、新疆班的进程。但是，少数民族政策不能止于此，还应与时俱进不断完善民族优惠政策，使之在实现“两个共同”的目标方面发挥更大的作用：一是完善中央对少数民族地区基础设施建设的投资政策，二是完善与民族区域自治制度相适应的政策性财政转移支付制度，三是加快建立少数民族地区生态建设和环境保护补偿机制，四是加大对少数民族贫困地区的扶持力度，五是完善对少数民族地区发展教育、科技、文化、卫生、体育事业的扶持政策，六是完善培养少数民族干部的政策，七是完善保障城市和散居地区少数民族合法权益的政策，八是完善民族区域自治制度的政策②。

① 张善鑫. 民族教育发展：优惠政策、经验与展望——新中国民族教育发展回顾[J]. 民族教育研究，2009，20（5）：5-10.

② 毛公宁. 关于坚持和完善民族优惠政策的几点思考[J]. 西北民族大学学报（哲学社会科学版），2012，（3）：1-5.

种类 6 为教育投资体制政策研究，包括体制改革、教育投资 2 个关键词。教育投资是指一个国家或地区，根据教育事业发展的需要，投入教育领域的人力、物力和财力的总和，包括教育资源配置、教育财政投入、师资队伍等教育资源。其中，高等教育的投资较基础教育的投资与中等教育的投资来说，占较大的比例，是整个教育链中最重要的一部分。

1995 年《中华人民共和国教育法》确立了新的高等教育投资体制，使我国的高等教育进入了一个快速发展的轨道。但是随着我国高等教育渐趋大众化、高等教育需求空前高涨，高等教育经费总体上投入不足。因此，第一，为保证高等教育经费的稳定来源和稳定增长，以及使教育经费合理有效地使用，建立健全与新的高等教育投资体制相配套的保障机制和监督机制以确保投资效益评估、受资者的权利、投资者的权利和各投资方的义务、责任等便是当下最要紧的任务。第二，需要完善教育税费征收制度，对于应征收税额，应由征收部门向各人民代表大会定期报告，接受各级人大的监督①。第三，调整教育信贷政策，进一步增加教育贷款投入，促进教育事业的发展完善，规范教育贷款的管理机制，进一步完善学校贷款的有关政策。

但是，“多渠道筹措教育经费”的高等教育投资新体制还存在着四个主要问题：一是高等教育经费投入渠道单一，高校办学积极性难以充分发挥；二是高等教育投资效益不高；三是办学成本高昂，结构倒挂；四是政府拨款制度不能完全适应高等教育投资体制的改革需要②。因此，完善高等教育投资体制改革，必须在观念、法律政策、体制、机制等方面进行探索。

对于民办高等教育，随着高等教育大众化进程的不断推进，民办高等教育的地位日益显著，党和政府也高度重视民办高等教育的发展。有关部门先后制定了《中华人民共和国民办教育促进法》等一系列规范民办高等教育投资行为、办学行为、管理行为的政策和法规，这些政策和法规的制定与实施对促进我国民办教育经费的增长起到了积极的作用。

对于西部地区教育的发展，为了配合西部大开发战略的顺利实施，中央政府决定，2001—2005 年，“国家贫困地区义务教育工程”和“中小学危房改造”专项

① 隋毅. 关于完善我国高等教育投资体制的思考[J]. 黑龙江高教研究，2008，(11)：37-39.

② 范进军. 高等教育投资体制改革刍议[J]. 中国高教研究，2005，(9)：81-83.

拨款的重点将放在西部贫困地区。2000年4月，党中央和国务院发布《中共中央办公厅 国务院办公厅关于推动东、西部地区学校对口支援工作的通知》，启动实施了“东部地区学校对口支援西部贫困地区学校工程”和“西部大中城市学校对口支援西部贫困地区学校工程”，以资金支持、师资培训与交流、教育教学管理人员培训、联合办学等多种形式和手段，实施两个“对口支援工程”。2000年，教育部为支持西部大开发提出十项具体措施，加大了对西部教育的资金扶持力度，全国开展“对口扶贫支教工程”。尽管西部地区教育得到了良好的发展，但是我们还须进一步改革教育投资体制，建立多元化的非义务教育投资体制。政府应鼓励企业、团体、私人、港澳台同胞、海外侨胞等到西部投资兴校，大力发展各种形式的民办教育①，逐步形成如《面向21世纪教育振兴行动计划》所强调的“以政府办学为主体、社会各界共同参与、公办学校和民办学校共同发展的办学体制”。

种类7为研究生教育成本分担及其民办高等教育政策建议研究，包括研究生教育、成本分担、民办高等教育、政策建设4个关键词。随着高等教育的大众化、研究生教育规模的迅速扩张和生均培养成本的普遍提高，我国政府、高等院校、研究生及其家庭都面临着巨大的压力。研究生教育成本分担已经被提上了日程表。研究生教育成本分担的概念是在2003年初召开的中国研究生院院长联席会上由有关主管部门领导和专家共同提出的。研究生教育成本分担，就是从发展我国研究生教育和改革现行研究生教育机制的需要出发，使研究生教育成本从目前基本上由国家承担这种单渠道的承担方式，转变为由国家、学校、社会和研究生（及其家庭）多渠道共同承担的方式。支持研究生教育成本分担的学者认为多渠道的资金来源可以扩大研究生教育的规模，并由此增加大众的入学机会②，有利于促进研究生教育的发展。通过多种渠道筹集经费投入研究生教育，可增加多方的监督与管理责任，有利于促进研究生教育发展的速度与质量，有利于激励学生发挥潜能的培养机制的实行，有利于理顺学校、导师与研究生之间的关系。总之，有利于促使学生更加珍惜学习机会，努力在学习过程中全面提高自身学术水平和综合素质，并充分实现自身的价值。同时，研究生也可以对学校的培养质量和培养条件提出更高的要求，进一步促进研究生培养质量的全面提高③，而资助

① 马佳宏. 西部大开发视野下的教育投资体制改革[J]. 教育理论与实践，2003，23（4）：21-24.

② 裴庆棋，姬红兵. 研究生教育成本分担与资助体系的完善[J]. 学位与研究生教育，2006，（1）：74-77.

③ 丁雪梅. 关于我国研究生教育成本分担机制及相关问题的思考[J]. 学位与研究生教育，2003，（10）：6-9.

体系的安排则保证了低收入家庭学生的入学率及进一步促进高等教育的公平。

然而，反对者认为我国的研究生教育资助体系是以本专科学生为基础建立的，在对研究生进行教育时，资助理念不明确，资助目标模糊，资助方式单一，最大的问题是研究生教育资助的资金有限，不能满足研究生教育的需求。与此同时，民办高等教育的资助体系很明显烦恼就相对少些，其资助争议的声音也不是二元对立的，而是依据各民办机构的实际情况而定。

随着高等教育的大众化和市场经济的发展，民办教育在我国高等教育中占据着越来越重要的地位，民办高等教育政策也随着社会改革进程不断演变。2002 年出台的《中华人民共和国民办教育促进法》，规范了民办高等教育的投资行为、办学行为、管理行为。但是近年来，我国民办高校在投资过程中出现了投资资金不足、资金使用效率不高、投资风险不断增加等一系列问题，这些问题在一定程度上影响了民办高等教育的持续稳定发展，成为实现民办高等教育普及化、大众化目标的障碍。而随着高等教育国际化的呼声日益高涨，民办教育也不可避免地卷入这一洪流。因此，相关部门及社会性组织与团体应广泛筹集民办高等教育资本，鼓励民办教育多渠道投资或捐赠，实现民办高校资本结构多元化的同时优化资本结构，其中包括：创新民办高等教育融资体制，建立多元化融资渠道；修订和完善信贷法规政策，鼓励银行提供多种方式贷款；加强投资可行性分析，提高民办高校投资效益；构建投资风险防控体系建设，降低民办高等教育投资风险①。

种类 8 为义务教育均衡视野下农民工子女与流动儿童教育政策执行研究，包括义务教育、农民工子女、政策执行、流动儿童、教育均衡发展等 9 个关键词。《国家中长期教育改革和发展规划纲要（2010—2020 年）》特别提出，义务教育在全面普及之后就要把工作重点转移到推进均衡发展上，这里想强调的是，均衡发展的主要任务是义务教育阶段，提出到2020年基本实现均衡发展的目标，从范围上来看，实现均衡发展的目标主要是全国大部分的县域内实现符合当地，特别是省级标准的阶段性均衡发展的目标。从程度上来看，是在县域内教育质量、办学水平的一定程度上实现均衡发展的目标。

义务教育均衡发展是在义务教育阶段合理配置教育资源，全面提升教师整体素

① 杨德岭，陈万明. 我国民办高等教育投资现状与投资对策探析[J]. 河南师范大学学报（哲学社会科学版），2012，39（5）：237-240.

质，缩小学校、城乡、区域间教育发展水平的差距，办好每一所学校，教好每一个学生。当然，义务教育均衡发展不仅强调资源的合理配置，它还是一项国家层面的既定不变的方针，其发展是一个螺旋式逐步推进的过程。教育投入、教育设施、教师资源等教育资源与办学条件的投入与改善只是“初步均衡”，实现义务教育发展水平和教育质量的全面提升才是“基本均衡”。然而，从现实和政策评估的角度看，我国义务教育非均衡发展的状况仍然没有得到根本的改变，在校际、城乡和区域之间甚至存在着继续扩大的趋势。因此，推进义务教育均衡发展是我国在新的历史时期教育发展的战略方针，是政府义不容辞的责任。

当前，我国义务教育均衡发展过程中，农民工子女接受义务教育需求还存在着不充分、不均衡的问题。解决农民工子女教育问题重点在义务教育阶段，要考虑解决“流动儿童”在城市接受义务教育的问题。在解决“流动儿童”接受义务教育问题的过程中，需要对“流动儿童”的教育进行规划布局，对教育经费保障、教育资源配置、教育财政投入等多方面的教育资源进行统筹考虑。《国务院关于做好免除城市义务教育阶段学生学杂费工作的通知》明确规定：“对符合当地政府规定接收条件的进城务工人员随迁子女，要按照相对就近入学的原则统筹安排在公办学校就读，免除学杂费，强化‘流动儿童’的教育经费保障。”同时该通知明确规定：“地方各级人民政府要按照预算内生均公用经费标准和实际接收人数，对接收进城务工人员随迁子女的公办学校足额拨付教育经费”，“中央财政将对进城务工农民工随迁子女接受义务教育问题解决较好的省份给予适当奖励”。《国务院关于深化农村义务教育经费保障机制改革的通知》明确规定：“进城务工农民子女在城市义务教育阶段学校就读的，与所在城市义务教育阶段学生享受同等政策。”《国务院关于做好免除城市义务教育阶段学生学杂费工作的通知》也明确规定：“对符合当地政府规定接收条件的进城务工人员随迁子女，要按照相对就近入学的原则统筹安排在公办学校就读，免除学杂费，不收借读费。”这些规定为妥善解决农民工子女接受义务教育提供了前提和保障。但从长远来看，中央财政应逐步从“以奖代补”过渡为专项补贴转移支付，并使其成为经费分担机制的重要内容，落实“流动儿童”的同等入学政策①。

种类 9 为公共教育政策的价值取向与政策工具及其基础教育质量与体制政策

① 汪明. 统筹解决农民工子女教育问题[J]. 教育发展研究，2009，(6)：71-75.

研究，包括政策研究、教育研究、教育资源配置、政策工具、高中教育、教育改革、教育质量、教育体制、政策分析、教育政策、教育公平、价值取向、公共教育等 22 个关键词。

公共教育是在社会文明发展的一定历史阶段形成的由国家、团体或个人向社会单独或混合提供的为全社会成员分享并服务于社会的公共物品或准公共物品。2012 年，《国家基本公共服务体系“十二五”规划》明确指出：“十二五”时期，要本着尽力而为、量力而行，统筹城乡、强化基层的原则，进一步创新体制机制，增强公共服务供给能力，加快建立健全符合国情、可持续的基本公共服务体系，努力提升基本公共服务水平和均等化程度，推动经济社会协调发展，为全面建成小康社会夯实基础。这是深入贯彻落实科学发展观的重大举措，是深化收入分配制度改革、维护社会公平正义的迫切需要，是全面建设服务型政府的内在要求。其特征是具有公共性、普惠性、基础性、发展性，旨在教育领域提供基础性公共服务。由于政府本身就是为了实现公共利益而建立的权力组织，它主要使用纳税人的钱来举办公共教育，教育经费主要来自于公共财政①。这样，教育追求公共利益就成为必然，公共教育具有非营利性就具有充分的合理性与合法性。

“公共性”原则意味着只要大多数不确定数目的利益人存在，即属于公益，是公共教育政策的基本价值取向。为实现公共性的政策目标，政府就必须要运用政策工具，即运用具有价值负载、目标导向和间接作用的手段与机制来联结政策目标和政策结果，政策工具是它们之间的桥梁。政策工具的创新，特别是市场化、管理性和社会化工具在政府管理中的引入，是 21 世纪公共管理改革发展的一个基本趋势。因此，政府和教育行政部门需要转变观念，创新手段，审慎和创造性地将市场竞争机制和私人部门行之有效的方法、技术、手段运用于教育治理的实践中。

同时，改进和完善现有政策工具，探索出更加灵活的政策工具，改进管理性政策工具，借鉴各类组织在管理实践和政策执行中的经验，推进教育政策工具的综合创新和系统运用，提升教育政策的整体效能②。教育是追求公共利益的，教育的公共性尤其体现在基础教育上，基础教育质量的提升是教育公平的最重要的

① 蒲蕊. 公共利益：公共教育体制改革的基本价值取向[J]. 教育研究与实验，2007，（1）：34-37.

② 胡仲勋，俞可. 以政策工具创新推进公共教育改革—— 基于纽约市教育局的经验[J]. 全球教育展望，2016，45（3）：81-89.

体现，很大程度上，基础教育质量的公平程度决定了人与人之间的差距。

为保证基础教育的提升，首要的前提是在多主体之间达成共识——确立协同创新目标，建立利益共享与责任共担的协同创新利益和责任机制，探索多单位、多类型的人才协同培养机制，如大学与中小学教师教育共同体（university-secondary）、大学与区县政府协同体（university-district）、大学—区县政府—中小学协同体（university-district-secondary）、中小学—大学—中小学协同体（secondary-university-secondary）、大学—大学协同体（university-university）、特级教师研究院等，以四个协同创新领域为抓手开展科研协同攻关的工作（组建由首席专家负责的专家团队，采用项目运作方式，搭建协同创新科研平台），通过专门的教育政策研究与咨询服务机构为政府和社会服务①。

最重要的是，任何政策的执行都需要以充足的资金投入为支撑。目前，相对于高等教育和职业教育来说，中小学教育的办学经费更显不足，加大财政拨款力度应该被提上议程表。另外，执行过程中应推进执行力度，尤其是继续加大推进希望工程的力度，并鼓励或重点扶持企业和个人支持贫困地区农村教育。最后，加强教师执行者的建设，即教师队伍建设，在整个过程中不断反思、完善教师管理体制②。

种类 10 为基于素质教育的教育政策评估及其政策调适研究，包括政策过程、政策评估、政策调整、素质教育 4 个关键词。素质教育是指以提高受教育者诸方面素质为目标的教育模式，以全面提高人的基本素质为根本目的，以尊重人的主体性和主动精神为基础，是一种注重开发人的智慧潜能和以形成人的健全个性为根本特征的教育。素质教育是社会发展的实际需要。

政策评估是素质教育政策制定与执行过程中必不可少的环节。对素质教育政策制定过程进行评估，有利于素质教育政策方案的优化，使素质教育政策的制定摆脱“经验决策”的制约而变得更加民主化和科学化；对素质教育政策执行环节的评估，有利于各级教育决策部门把握素质教育政策在各地执行的基本情况，及时发现和纠正政策执行中素质教育政策被搁置、政策表面化、政策扩大化，甚至政策被替换等突出问题；对素质教育政策运行情况进行阶段性评

① 刘新成，孟繁华，陈正华. 构建协同创新体制机制，提升基础教育质量——首都教育（基础教育）学科群二期建设回顾与发展展望[J]. 教育科学研究，2012，（12）：5-10，23.

② 桂建生. 我国城乡基础教育质量差距探析[J]. 教育导刊，2011，（8）：15-17.

估，则有利于对素质教育政策进行适时且针对性强的调整，使素质教育政策体系更加完善、内容更加与时俱进；对素质教育政策过程的评估，有利于在素质教育政策体系中对单向政策的执行效果进行评判或对政策的阶段性成果进行总结，以增加素质教育政策落实的激励性，提高政策的实效性，从而确保素质教育政策目标的最终实现①。

因此，强化素质教育政策执行情况的评估工作是进一步推进素质教育的重要突破口，是新时期素质教育政策调整的重要基础，是“自上而下”督促素质教育有效实施的必要手段，是纠正偏差、总结经验的必要途径②。

然而，现实中政策评估环节存在着一些问题，如政策评估的缺失、政策评估不规范及政策评估趋于形式主义，这些问题已经直接阻碍了素质教育政策的有效实施，因此，有必要对当下的政策评估进行适度的调整。第一，政策评估应具有针对性，应对各地实施素质教育的现状进行专项评估；第二，对素质教育政策的评估活动明确化和制度化，使素质教育各个环节的评估具备制度和程序上的保证；第三，对素质教育政策评估组织进行整合；第四，对素质教育体系中的重要指标进行归纳整理，形成评估标准的基本内容；第五，对素质教育政策的执行情况实施全程监控，强化评估结果的充分利用①。具体来说，就是要进一步建立和完善对素质教育执行情况的评估监督制度，进一步明确对素质教育政策执行情况的评估主体和评估对象，进一步改善对素质教育政策执行情况评估的工作方式，进一步构建和完善国家层面对素质教育政策执行情况评估的指标体系②。

种类 11 为英国继续教育的政策研究，包括英国、继续教育 2 个关键词。继续教育是指已经脱离正规教育，已参加工作和负有成人责任的人所接受的各种各样的教育，是面向学校教育之后所有社会成员特别是成人的教育活动，是对专业技术人员进行知识更新、补充、拓展和能力提高的一种高层次的追加教育，是终身学习体系的重要组成部分。在科学技术突飞猛进、知识经济已现端倪的今天，继续教育越来越受到人们的高度重视。继续教育是人类社会发展到一定历史阶段出现的教育形态，是教育现代化的重要组成部分，对现代社会的发展起到推动的作用，特别是对形成全民学习、终身学习的学习型社会起到积

① 杨润勇. 素质教育政策运行过程中的评估问题分析[J]. 江西将于科研，2006，(7)：11-13.

② 韩立娟，杨润勇. 我国素质教育政策执行评估工作的思考[J]. 教学与管理，2007，(8)：43-44.

极的推动作用。

英国是世界上著名的继续教育大国。为了更好地发挥继续教育在经济社会中的作用，英国政府采取了一系列政策措施来保证继续教育的发展。早在1944年英国就颁布了《1944 年教育法》，规定继续教育是与初等教育、中等教育相衔接的公共教育体系的组成部分，它主要为受完义务教育者提供职业教育、普通教育和闲暇教育。尽管英国的继续教育发展较早，然而英国的劳动力依然缺乏一般性技能，如沟通、合作及解决问题的能力，在技能开发和更新上与欧洲其他国家存在着差距，在基本技能（包括读、写、算及信息技术应用能力）上存在缺口，仍然有许多雇主和劳动者对技能短缺问题认识不足，继续教育与培训机构开展的教育和培训与社会经济发展不协调①。2002—2006 年，英国教育和技能部（Department for Education and Skills，DFES）相继发布了《为了每一个人的成功——改革继续教育和培训》（2002 年）、《14—19 岁教育和技能》（2005 年）白皮书、《继续教育：提高技能，改善生活机遇》（2006 年）白皮书。

值得注意的是，2006 年英国颁布了《继续教育和培训法》，确立了英国继续教育改革和发展的法律基础，首次对继续教育的管理体制做出全面的规划，即确定教育和技能部、学习和技能委员会、继续教育和培训机构这三级管理框架，并对每一级管理部门的职能做了清晰的划分。英国继续教育政策的实施为英国培养了大批技能型人才，在一定程度上带动了英国社会经济的发展。但是任何政策的出台都不是完美的，对立面的残缺往往无法避免。英国的继续教育政策还应该在管理机构、课程体系、师资质量、经费资助制度和质量保障机制等方面继续完善。

种类 12 为日本与欧盟的高等教育政策及其启示研究，包括高等教育政策、教育政策启示、日本、欧盟、成人教育 5 个关键词。1918 年，日本颁布《大学令》后，官立单科大学、公立大学、私立大学的设置开始得到认可。从 1919 年起，日本政府开始着手发展高等学校。1919—1929 年，大学由 5 所发展到 46 所，旧制高中由 8 所发展到 32 所，实业专门学校由 24 所发展到 50 所，专门学校由 72 所发展到 106 所②。1963 年，日本中央教育审议会发表了《关于改善大学教育》的咨询报告。该报告指出，接受高等教育者必须具备与之相适应的能力；在决定专业

① 昊雪萍，项晓勤. 英国继续教育改革探析[J]. 比较教育研究，2008，（5）：77-81.

② 陈武元. 从高等教育政策的视角看日本高等教育大众化[J]. 外国教育研究，1999，（1）：14-18.

结构时，必须考虑社会对人才的需要和要求；必须确保一定的办学条件以维持高等教育的水平。在我国高教经费的大部分仍由国家负担，教育经费长期短缺的情况下，过快发展高等教育，将意味着要挤占初等、中等教育的经费，如果没有扎实的初等、中等教育为基础，高等教育的质量将很难保证，高等教育大众化将成为“低质量”的代名词。目前，我国国有企业正处在转换经营机制的过程中，尚未从困境中摆脱出来，加上从中央到地方的各级行政机关正在进行机构改革，这些客观存在的原因决定了国有企业和机关单位在近几年内不可能大量吸纳大学毕业生，因而在一定程度上制约着我国高等教育的发展速度。如果盲目乐观地发展高等教育，培养出来的毕业生找不到工作，将会使国家的不稳定社会因素增加。尽管自改革开放以来，我国经济取得了快速发展，人民生活也得到了提高，但目前子女上大学的费用主要由家庭来负担，对绝大多数家庭来说，仍是有困难的。

而欧盟高等教育主要呈现出国际化的特征，它是伴随着欧洲经济一体化的不断深入而发展起来的，是在国际教育市场的驱使下及信息技术和互联网学习的带动下逐渐形成的，主要表现为区域一体化和向国际化发展。欧盟高等教育一体化的主要举措是欧洲共同体时代的高等教育合作，1976 年，欧盟会议发布了具有里程碑意义的《教育领域的行动计划》。1983 年，各国政府达成一致意见，为推动高等教育机构之间的亲密合作，签订了《欧盟所罗门宣言》，其是高等教育在欧洲共同体的法律和政治上的转折点。1992 年 2 月，欧洲共同体各成员国签订欧盟条约，指出了欧盟成立以后初期的高等教育政策，如第 126 条：共同体将通过鼓励成员国之间进行合作的方式提高教育质量，在需要的时间对成员国的行动提供支持和补充；第 127 条：共同体应该执行那些对成员国具有支持和补充性行动的职业培训政策，并逐步形成“欧洲高等教育区”。1999 年 6 月 19 日，欧洲 29 国教育部部长在意大利博洛尼亚共同签署了《博洛尼亚宣言》，即“创建欧洲高等教育区域的宣言”。欧盟高等教育国际化的主要举措有开发援助项目——提姆普斯（Tempus）项目，加强与发达国家之间的多边合作，促进与发展中国家的合作，建立健全高等教育质量保证制度①。

① 李霞. 欧盟高等教育政策实施进展一览——以德国、瑞士、瑞典、芬兰、丹麦五国为例[J]. 中国大学教学，2009，（12）：86-88.

种类13为中美基础教育课程政策制度及其变迁研究，包括基础教育、课程改革、美国、中国、政策制定、政策变迁 6 个关键词。中国基础教育课程改革，是中共中央、国务院为迎接知识经济时代的到来，应对日益激烈的国际竞争，立足于全面提高国民素质基础上，为提升综合国力而做出的重大战略决策。1978—1999 年，我国基础教育政策主要是实施“城乡、地区不均衡发展和精英教育政府”，即非均衡发展的改革价值取向[①]、传统城乡二元结构和以城市为中心及强调“精英教育”轻视大众教育的政策价值取向。众多政策文件都有体现，如 1980 年12月3日《中共中央、国务院关于普及小学教育若干问题的决定》（共五项决定）中第二条决定提出：“在经济比较发达、教育基础较好地区，应在1985年前普及小学教育，其他地区一般应在1990年前基本普及。至于极少数经济困难、山高林深、人口稀少地区，普及期限还可以延长一些。”1985年5月27日出台《中共中央关于教育体制改革的决定》，提出以“先进促落后”，即先抓发达地区的义务教育来带动或促进欠发达地区发展的做法，就具有一定的历史局限性。直到 1999 年，第三次全国教育工作会议才通过了《中共中央国务院关于深化教育改革全面推进素质教育的决定》。

进入21世纪，基础教育改革则朝着追求教育公平的方向发展，不仅消除城镇义务教育非均衡发展，也更加关注农民工子女教育问题，强调教育公平、教育免费及追求教育质量。2001 年，全国基础教育工作会议发布了《国务院关于基础教育改革与发展的决定》，教育部决定，大力推进基础教育课程改革，调整和改革基础教育的课程体系、结构、内容，构建符合素质教育要求的新的基础教育课程体系。同年，教育部颁发《基础教育课程改革纲要（试行）》，旨在培养具有初步创新精神、实践能力、科学和人文素养及环境意识的人才，强调课程内容应具有时代性和生活化，注重使课程结构均衡、综合和可选择，强调课程评价应以促进个体的发展为依据，下放课程权力的方向在于前行[②]。

但是因为《基础教育课程改革纲要（试行）》更加关注宏观层面的问题，其基础教育新课改理念难以推广和被大众理解，其课程改革的目标阐释模糊，改革内容的实行办法也趋于同一，在一定程度上阻碍了该政策的实施。20 世纪上半

① 季飞. 中美基础教育政策价值取向之比较[J]. 现代教育管理，2009，（11）：102-105.

② 申超. 中美基础教育课程改革的政策比较——以《基础教育课程改革纲要（试行）》和《不让一个孩子掉队法》的比较为切入点[J]. 教育学报，2008，4（4）：34-38.

期，美国的基础教育政策着力于解决“教育机会均等”问题，追求“教育质量”的价值取向，1958 年由艾森豪威尔总统签署并颁布实施的《国防教育法》强调了基础教育援助的重点；1983 年，美国颁布的《国家处在危机之中——教育改革势在必行》列举了美国基础教育存在的一系列危机；1991 年乔治・布什总统签署颁布的《美国 2000：教育战略》提出美国学校未来教育的六大目标与全国核心课程领域；1985 年，美国促进科学协会推出了《普及科学—— 美国 2061 计划》，把科学、数学和技术学科作为课程的核心，为 20 世纪 80 年代中后期的课程改革指明了方向；1994 年，克林顿总统继承并发展了前总统的教育主张，颁布了《2000 年目标：美国教育法》系列法案，将全美教育目标进行了扩展；2002 年布什政府颁布了《不让一个孩子掉队》法案，强调基础教育课程是围绕着提高教育质量、加强学生基础知识和基本技能走向展开的。由于美国土生实用主义精神的影响，该法案的制定更加清晰，更容易被大众理解和接受，最终使政策易于推广和执行。此后，美国在该法案的基础上对基础教育的改革一直都在被修订。

种类 14 为澳大利亚的外语教育政策研究，包括语言政策、双语教育、外语教育、澳大利亚 4 个关键词。澳大利亚是一个多元文化、多元语言的移民国家。20 世纪 70 年代以前，澳大利亚执行的是“白澳政策”，目的是把原住民和各国移民都同化为单纯讲英语的澳大利亚公民。随后，澳大利亚开始实施“多元文化政策”，承认澳大利亚的种族多样性，主张语言文化的多元化，并保护其移民的文化根源。

随着经济的发展，在澳大利亚特殊的历史背景下，形成了其特殊的语言政策。从 20 世纪 80 年代末开始，澳大利亚对外语的态度逐渐从歧视到尊重和鼓励，不仅开始执行《国家语言政策》，确定了英语在国家语言中的官方地位，还提出了汉语、日语、法语、德语、印尼语、阿拉伯语、西班牙语作为优先语言的建议。在制定多元的外语教育政策的同时也不断地深化外语教师教育的质量。第一，澳大利亚的外语教育政策强调把外语作为一种人力资本。根据语言经济学的观点，语言可以直接用于服务整个国家和社会，并且带来不可估量的效益，也可以作为帮助人们获得知识和技能的一种工具，从而形成一种人力资本。第二，澳大利亚的外语教育政策注重外语的经济价值。1984 年，澳大利亚联邦政府发布了《国家语言政策》，明确地提出除了学习英语，还要学习至少一门其他语言，而且承认居民使用除英语之外的其他语言的权利。1991 年澳大利亚联邦政府颁布了《国家语言及识字政策》白皮书，提出澳大利亚人必须既提高英语水平，还要提高其他语言的水平。第三，澳大利亚的外语教育政策强调外语的经济效用。澳大利亚外语教育政策对英语之外其他语言的教学赋予了很多经济色彩，对其他语言教学的拨款远远少于印尼语、汉语、韩语和日语这 4 种语言教学的拨款。第四，澳大利亚外语教育政策加大对外语教育的经济投资。澳大利亚的国家语言政策把国家的经贸发展与语言联系起来，并列出优先发展的语言。第五，澳大利亚的外语教育政策重视外语教育的长远规划。政府从政治、经济、文化和长远教育事业的需要出发，特别制定了《澳大利亚学校国颁亚洲语言和学习策略》，以支持和发展汉语、日语、韩语和印尼语教学①，学校也开始开设多种语言课程。

借鉴澳大利亚在全球教育背景下的外语教育政策，结合我国的现实，我国的外语教育政策应加强国际合作，实现互利共赢，掌握丰富的多媒体和网络等方面的相关知识，掌握丰富的外国文化方面的知识，在具备扎实的专业基础的同时，学习和掌握相关的外语教育理论②，使人们通过语言更好地服务于整个国家和社会。

种类 15 为终身教育视野下教师教育政策研究，包括教师教育、新加坡、师范生免费教育、终身教育 4 个关键词。终身教育是指人们在一生各阶段当中所受各种教育的总和，是人所受不同类型教育的统一综合，包括教育体系下的各个阶段的教育和社会各种方式的教育，主张在每个个体需要的时刻给予最好的教育，并提供必要的知识和技能。在终身教育呼声高涨且日益成为主流的背景下，构建终身教师教育体系是我国教育体制改革的重要组成部分，也是建设学习型社会的必然要求。

我国现有的教师教育面临着严峻的挑战，因此加快师范教育的转型，构建终身教师教育体系的目标，对我国教师教育的发展具有重大的意义。现有教师教育体系封闭，教师教育具有滞后性；效率诉求和技术至上，教师教育质量偏低；教育与教师生活隔离，教师教育缺乏激励性、主动性；保障体系不健全，教师教育

① 罗爱梅. 澳大利亚外语教育政策之特点[J]. 教育评论，2010，20（4）：166-168.

② 周海燕，王黎明. 全球教育背景下的外语教育政策及其启示—— 以美国与澳大利亚为例[J]. 外国教育研究，2012，39（9）：116-121.

缺乏可持续性①，即当下的教师教育体系是一种分割式的教师教育体系，而非终身性、开放性的教师教育体系。开放性的终身教育是时代发展中的必然诉求。首先，知识经济、信息技术革命带来了教育目标、课程内容、学习方式等方面的变化，这就要求教师成为终身学习者；其次，终身教育思潮的影响和终身教育体系的时代呼唤迫切需要教师教育转型。

因此，要建立开放性的现代教师教育体系与制度，逐步形成自主管理、自主发展及社会监督的机制，改革并确定教师教育的内容和方法，调动教师主动学习、终身学习的积极性，推进教师专业化进程，完善教师教育的保障体制机制。具体来讲，应该大力发展社区教育，社区教育以社区内全体人员为教育对象，以生存教育，工作教育，技能、岗位、能力培训为主要教育内容，以网络教育、远程教育为主要教育方式，辅以各种形式的培训、实践、活动课程，满足社区内各类人员的学习需求；积极扶持民办教育，充分利用社会上的教育资源和社会各界对教育的资助，也可与企业、社区联盟办教育；广泛开展职业培训，即企事业单位的人事发展部门应设有培训机构，负责本单位的职工培训工作；充分发挥院校功能，既要完成既定的教育目标又要充分利用正规教育的教育资源，使学历教育真正成为人的一生中极其重要的、不可或缺的、最为宝贵的黄金学习时期，以此来加速优化教师队伍。

（四）研究热点知识图谱及分析

在 SPSS 19.0 统计软件中打开高频关键词的相异矩阵，选择“分析—降维—因子分析”，选取“抽取”方法为“主成分”，选取“旋转”方法为“最大方差法”，设置结束后单击“确定”得到如表 2-4 所示的因子分析结果。结果表明：有 39 个因子被提取，累积方差解释贡献率为 61.681%。这就说明该分析是将 85 个关键词分成了 39 类，并可以解释 1985—2015 年中国教育政策学领域 61.681% 的信息。其中，前 3 个因子解释的方差分别为 1.945%、1.925%和 1.922%，累积方差解释贡献率为 5.792%，表明其是中国教育政策学 1985—2015 年比较重要的 3 个类别。

① 李军. 终身教育视角下的教师教育体系[J]. 教师教育研究，2008，20（3）：8-11.

表 2-4　1985—2015 年教育政策学文献高频关键词共线矩阵的因子分析结果

解释的总方差

成分	初始特征值			提取平方和载入			旋转平方和载入		
	合计	方差的百分比	累积百分比	合计	方差的百分比	累积百分比	合计	方差的百分比	累积百分比
1	2.515	2.959%	2.959%	2.515	2.959%	2.959%	1.653	1.945%	1.945%
2	2.130	2.505%	5.464%	2.130	2.505%	5.464%	1.636	1.925%	3.870%
3	1.900	2.235%	7.699%	1.900	2.235%	7.699%	1.634	1.922%	5.792%
4	1.771	2.084%	9.784%	1.771	2.084%	9.784%	1.536	1.807%	7.599%
5	1.734	2.040%	11.824%	1.734	2.040%	11.824%	1.500	1.764%	9.363%
6	1.698	1.998%	13.821%	1.698	1.998%	13.821%	1.490	1.753%	11.116%
7	1.595	1.876%	15.697%	1.595	1.876%	15.697%	1.477	1.738%	12.854%
8	1.566	1.843%	17.540%	1.566	1.843%	17.540%	1.475	1.735%	14.590%
9	1.549	1.823%	19.363%	1.549	1.823%	19.363%	1.467	1.726%	16.315%
10	1.482	1.744%	21.107%	1.482	1.744%	21.107%	1.425	1.676%	17.991%
11	1.455	1.712%	22.819%	1.455	1.712%	22.819%	1.415	1.665%	19.656%
12	1.451	1.707%	24.526%	1.451	1.707%	24.526%	1.405	1.653%	21.309%
13	1.386	1.631%	26.158%	1.386	1.631%	26.158%	1.403	1.650%	22.959%
14	1.361	1.601%	27.759%	1.361	1.601%	27.759%	1.396	1.643%	24.602%
15	1.334	1.569%	29.328%	1.334	1.569%	29.328%	1.393	1.639%	26.240%
16	1.305	1.535%	30.863%	1.305	1.535%	30.863%	1.380	1.624%	27.864%
17	1.299	1.529%	32.392%	1.299	1.529%	32.392%	1.376	1.619%	29.483%
18	1.283	1.510%	33.901%	1.283	1.510%	33.901%	1.351	1.589%	31.072%
19	1.274	1.499%	35.400%	1.274	1.499%	35.400%	1.349	1.587%	32.660%
20	1.232	1.449%	36.849%	1.232	1.449%	36.849%	1.327	1.561%	34.220%
21	1.222	1.438%	38.287%	1.222	1.438%	38.287%	1.292	1.521%	35.741%
22	1.207	1.420%	39.708%	1.207	1.420%	39.708%	1.289	1.516%	37.257%
23	1.204	1.417%	41.124%	1.204	1.417%	41.124%	1.286	1.513%	38.770%
24	1.191	1.401%	42.525%	1.191	1.401%	42.525%	1.284	1.510%	40.280%
25	1.176	1.384%	43.909%	1.176	1.384%	43.909%	1.279	1.505%	41.785%
26	1.159	1.364%	45.273%	1.159	1.364%	45.273%	1.266	1.490%	43.275%
27	1.148	1.351%	46.623%	1.148	1.351%	46.623%	1.256	1.478%	44.753%
28	1.143	1.345%	47.968%	1.143	1.345%	47.968%	1.253	1.475%	46.227%
29	1.129	1.329%	49.297%	1.129	1.329%	49.297%	1.253	1.475%	47.702%
30	1.112	1.308%	50.605%	1.112	1.308%	50.605%	1.249	1.469%	49.171%
31	1.082	1.273%	51.878%	1.082	1.273%	51.878%	1.226	1.442%	50.613%
32	1.074	1.263%	53.141%	1.074	1.263%	53.141%	1.200	1.412%	52.025%
33	1.069	1.257%	54.398%	1.069	1.257%	54.398%	1.194	1.404%	53.429%

续表

解释的总方差									
成分	初始特征值			提取平方和载入			旋转平方和载入		
	合计	方差的百分比	累积百分比	合计	方差的百分比	累积百分比	合计	方差的百分比	累积百分比
34	1.055	1.242%	55.640%	1.055	1.242%	55.640%	1.190	1.400%	54.829%
35	1.050	1.235%	56.875%	1.050	1.235%	56.875%	1.189	1.398%	56.227%
36	1.035	1.218%	58.093%	1.035	1.218%	58.093%	1.172	1.379%	57.606%
37	1.025	1.206%	59.299%	1.025	1.206%	59.299%	1.162	1.368%	58.974%
38	1.021	1.201%	60.500%	1.021	1.201%	60.500%	1.161	1.366%	60.340%
39	1.004	1.181%	61.681%	1.004	1.181%	61.681%	1.140	1.341%	61.681%
40	0.998	1.174%	62.855%						
41	0.985	1.159%	64.014%						
42	0.973	1.144%	65.158%						
43	0.964	1.134%	66.292%						
44	0.953	1.121%	67.413%						
45	0.935	1.100%	68.512%						
46	0.929	1.093%	69.605%						
47	0.920	1.082%	70.687%						
48	0.910	1.070%	71.758%						
49	0.896	1.054%	72.812%						
50	0.888	1.044%	73.856%						
51	0.878	1.033%	74.889%						
52	0.871	1.025%	75.914%						
53	0.855	1.006%	76.920%						
54	0.847	0.996%	77.916%						
55	0.820	0.965%	78.881%						
56	0.820	0.965%	79.846%						
57	0.804	0.946%	80.792%						
58	0.794	0.935%	81.726%						
59	0.774	0.911%	82.637%						
60	0.760	0.894%	83.531%						
61	0.750	0.882%	84.413%						
62	0.742	0.873%	85.287%						
63	0.730	0.858%	86.145%						
64	0.716	0.842%	86.987%						
65	0.710	0.835%	87.822%						
66	0.688	0.809%	88.631%						

续表

解释的总方差

成分	初始特征值			提取平方和载入			旋转平方和载入		
	合计	方差的百分比	累积百分比	合计	方差的百分比	累积百分比	合计	方差的百分比	累积百分比
67	0.678	0.797%	89.429%						
68	0.663	0.780%	90.208%						
69	0.653	0.769%	90.977%						
70	0.638	0.751%	91.728%						
71	0.622	0.732%	92.460%						
72	0.608	0.715%	93.175%						
73	0.595	0.700%	93.875%						
74	0.579	0.682%	94.556%						
75	0.552	0.650%	95.206%						
76	0.551	0.648%	95.854%						
77	0.530	0.623%	96.477%						
78	0.504	0.593%	97.071%						
79	0.495	0.582%	97.653%						
80	0.475	0.559%	98.212%						
81	0.438	0.515%	98.727%						
82	0.397	0.467%	99.194%						
83	0.365	0.429%	99.623%						
84	0.320	0.377%	100.000%						
85	-1.494×10^{-16}	-1.758×10^{-16}	100.000%						

注：提取方法为主成分分析

为了进一步探寻关键词之间隐藏的内涵，利用 SPSS 19.0 统计软件对 85 个关键词构成的相异矩阵进行多维尺度分析、聚类分析，绘制出教育政策学研究热点知识图谱（图 2-2）。在此战略坐标图中，各个关键词所处的位置用小圆圈表示，图 2-2 中圆圈间距离越近，表明它们之间关系越紧密；反之，则相反。多维尺度坐标轴划分的四个象限中，第一象限的研究主题间联系紧密且位于研究网络的中央；第二象限的研究主题间结构松散且有进一步发展的空间，在研究网络中具有较大的潜在重要性；第三象限的研究主题间联系紧密，题目明确，代表有研究机构对其进行正规的研究，但是在整个研究中处于边缘；第四象限的主题领域在整体工作研究中处于边缘地位，重要性较小①。

① 郭文斌. 知识图谱理论在教育与心理研究中的应用[M]. 杭州：浙江大学出版社，2015：106.

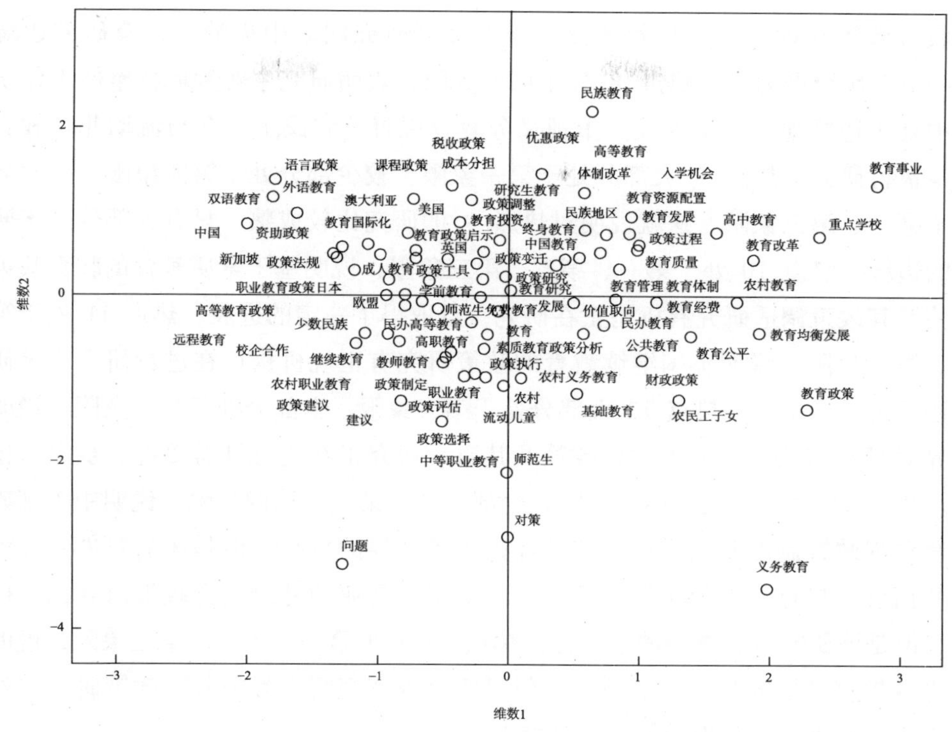

图 2-2　教育政策学研究热点知识图谱

从我国30年来教育政策学研究热点的分布可以看出，热点1大部分处于第三象限，说明其主题间联系紧密，题目明确，代表有研究机构对其进行正规的研究，但是在整个研究中处于边缘；热点2处于第二、第三象限，这说明研究主题间如“职业教育政策”与“资助政策”之间结构松散但有进一步发展的空间，在研究网络中具有较大的潜在重要性，“中等职业教育”与“农村职业教育”之间联系紧密，但研究处于学界的边缘；热点4处于第二象限，这表明学前教育税收政策目前研究的是比较松散的，具有潜在的重要性；热点5民族地区教育优惠政策处于第一象限，处于研究的网络中央，少数民族教育发展与政策选择处于第三象限，是研究领域的边缘，还需学界进一步研究。热点6一部分处于第一象限，如“教育投资”，是研究的中心，一部分处于第二象限，如“教育投资”，具有一定潜在研究价值。热点7一部分处于第一象限，一部分处于第二象限，一部分处于第三象限，这说明“研究生教育成本分担及其民办高等教育政策建议研究”比较成熟，既有处于研究网络中央的，也有研究边缘的，也有研究潜力的。热点 8 处于第四象限，表明研究主题领域在整体工作研究中处于边缘地位，学界较少重视义务教育视野下农民工子女与流动儿童教育政策执行研究。热点 9 大部分处于第一象限，较少部分处于第四象限，少部分处于第二、第三象限，这就说明对热点 9 的研究比较成熟，只有少部分处于研究的边缘。热点 10 处于第一、第二、第三象限，说明基于素质教育的教育政策评估及其政策调适研究有机构正在研究，且取得了一定的进展。热点 11 处于第二、第三象限，说明英国继续教育的政策研究有正规机构正在进行研究，该研究还可进一步拓展。热点 12 大部分处于第二象限，少部分处于第三象限，说明学界对日本与欧盟的高等教育政策及其启示研究正在进行且需要进一步深入挖掘。热点 13 大部分处于第二象限，少部分处于第三、第四象限，说明中美基础教育课程政策制度及其变迁研究已经得到了学界的重视，但是还需要进一步深化和拓展。热点 14 处于第二象限，说明澳大利亚的外语教育政策研究比较松散，但是该研究具有重要的潜在性。热点 15 处于第一、第二、第三象限，说明对终身教育的研究是当下的热点，但是终身教育视野下教师教育政策研究依然处于研究的边缘，还需学界进一步探索。

图 2-2 的结果以更直观的形式，不仅向我们再次展示了表 2-3 分析的 15 个具体研究领域结果的可靠性，还进一步向我们展示了教育政策学研究主要围绕两大主线展开，它们分别为各类教育改革与教育政策研究（左右分）、教育体制与各国教育研究（上下分）。具体来看，教育体制研究（右边部分）包括终身教育、教育发展、民族地区、教育质量、政策过程、中国教育、教育资源配置、公共教育、基础教育、农民工子女、农村义务教育、公共教育等热点；各国教育研究（左边部分）包括澳大利亚、日本、欧盟、美国、政策工具、高职教育、双语教育、教师教育等热点；教育政策研究（上边部分）包括政策变迁、政策工具、教育政策、政策法规、教育质量等热点；各类教育改革（下边部分）包括学前教育、农村教育流动儿童、农村义务教育、民办教育、少数民族、高职教育等热点。

三、结论与展望

根据共词分析的理论和方法，研究表明教育政策学研究热点主要集中在"职业教育校企合作中的问题与对策建议研究""农村中等职业教育资助政策研究""远程教育政策法规研究""学前教育税收政策研究""少数民族教育优惠政策发展及其政策选择研究""教育投资体制政策研究""研究生教育成本分担及其民办高等教育政策建议研究""义务教育均衡视野下农民工子女与流动儿童教育政策执行研究""公共教育政策的价值取向与政策工具及其基础教育质量与体制政策研究""基于素质教育的教育政策评估及其政策调适研究""英国继续教育的政策研究""日本与欧盟的高等教育政策及其启示研究""中美基础教育课程政策制度及其变迁研究""澳大利亚的外语教育政策研究""终身教育视野下教师教育政策研究"等方面，这些研究在一定程度上推动了教育政策的发展与教育制度体系的完善，为我国教育事业的发展提供了理论支撑与相应的保障。

与此同时，通过对聚类分析图和多维尺度图的进一步归纳分析发现，我国 30 年来教育政策学研究总体特征为"五多"和"五少"，即定性研究多，方法创新少；内容分析多，过程研究少；单一学科研究多，交叉学科研究少；宏观研究多，微观研究少；规范研究多，实证研究少。因此，我国教育政策学的未来研究除了继承已有的研究，还需在"五少"方面不断挖掘，并为教育政策学的学科成熟、研究领域的完善、独立的话语体系的形成而不断进行突破。

（一）加强教育政策学研究方法的创新

研究方法是揭示事物内在规律的工具和手段，是学科成熟与否的重要指标之一，从目前我国研究教育政策的方法来看，大多采用单一的对事物进行描述、阐释研究的定性研究方法，过于强调事实描述、描述性认知、宏观层次研究，缺乏综合运用定量研究方法。定量研究是确定事物某方面量的规定性的科学研究，将问题与现象用数量来表示，进而去分析、考验、解释，从而获得意义的研究方法和过程，当下的教育政策学存在调查取证少、统计性验证少、微观层次研究少等研究方法使用不足的问题。当然从理论上来说，研究教育政策的方法是非常丰富的，除此之外，还有个案研究与综合研究、思辨研究与实证研究、宏观研究与微观研究，也有历史文献法、比较法、实验法及人类学研究法等具体的研究方法。综合运用多种方法可以对研究对象进行深入、彻底的分析，如个案研究有利于了解案主问题的成因并提出适当的辅导策略，综合研究有利于全面地考虑各个部分之间的联系，思辨研究有利于理清事物的内部逻辑，实证研究有利于接近现实的客观世界，宏观研究有利于把握教育政策的全局，微观研究有利于具体把握某一具体问题或某个单独因素，历史文献法有利于方向的确定，比较法有利于借鉴先进的研究成果，实验法有利于获得准确客观的事实数据，人类学研究法有利于研究的定位。因此，教育政策研究者应综合运用多种研究方法，深入研究教育政策问题。

（二）重视教育政策的过程研究

教育政策的过程是教育政策发展所经过的所有程序，教育政策的科学化与民主化很大程度上取决于教育政策的制定过程，因此，重视教育政策的过程研究对教育政策具有保驾护航的作用。然而，目前国内教育政策的研究主要是对教育政策文本内容进行分析，对教育政策过程的研究偏少。要改进、完善教育政策，就需要加强对教育政策制定过程的研究，通过分析研究教育政策过程，可以把握影响教育政策制定的自身因素及其与文化、政治、经济、制定者等社会外部变量的复杂关系，而对这些因素及其关系的理解与认识，正是改进、完善教育政策的重要基础。柯伯斯在反思美国教育政策研究时认为，缺乏政策过程的认识将使我们缺乏作出英明预见的能力、对某个建议付诸实施所产生成果进行预料的能力及对政策过程进行及时调整修正的能力[①]。教育改革是由不同的利益集团参与的活动，在改革过程中充满了各种利益冲突，同样，在教育政策制定过程中也不可避免地存在利益冲突，因此需要建立完整的评估体系，不仅有总体性评价，更要重视过程性评价，使评价、判断、评估相对真实。虽然目前国内已有学术期刊论文和硕博士论文对教育政策过程进行了案例研究，但这方面的研究尚处于初级阶段。

（三）树立交叉学科意识

随着社会的发展，知识经济日益被重视，出现了越来越多的交叉学科，其在

① 那格尔 S S. 政策研究百科全书[M]. 林明，等译. 北京：科学技术文献出版社，1990：458.

认识世界和改造世界中发挥着越来越重要的作用，在科学领域中具有强大的生命力。当今的时代，决策科学化、民主化、绩效化的要求及决策程序专门化、规范化的趋势，促进了教育政策学的发展。教育政策学是一门年轻而富有生命力的新兴交叉学科，具有综合、交叉的特点，因此，教育政策学的研究需要树立学科交叉的综合意识。教育政策学研究的这种全新综合的特征，使得它本身具有社会科学或元社会科学的某些意义，即它的理论和方法具有一般方法论的某些特性。然而，目前我国教育政策学研究的理论基础较为薄弱、交叉学科的特性不鲜明，其更多的是基于政策学基本原理来探讨教育政策的问题，带有简单移植之嫌。单一学科特别是单一的教育学科对教育政策研究的支持力和针对性非常有限，显然，教育政策研究中的跨学科、跨领域研究能力亟待提升，如在进行价值判断时与哲学的联系，在政策制定形式、过程上与法律、行政的联系，在政策规划、发展上与规划学、预测学的联系，在教育政策制定上与教育社会学、行为学、人类学的联系，在教育政策学的评价上与教育评价学的联系，等等，这就需要研究者综合运用管理学、统筹学、计量学、行政学、法学等学科知识来开展教育政策研究，以此来丰富和推进教育政策学的繁荣和发展，彰显中国问题、中国学派、中国气质、中国语言的教育政策学体系。

（四）关注微观研究

教育政策学研究既要关注理论层面的、宏大叙事方面的研究，也要关注实践层面的、微观方面的研究，做到理论与实践、宏观与微观的结合。在教育政策研究中，宏观研究以整个政策系统和政策过程作为研究和解释的对象，涉及的是地区、国家甚至跨国层次的总体政策系统及过程，处理政策研究的一般方法论和分析技术，形成宏观的政策理论即教育政策科学总论。微观研究涉及政策系统、政策过程、政策现象的某一部分、方面或环节，对这样一些部分、方面或环节的研究，构成教育政策研究的分支学科。较宏观研究而言，微观研究能矫正宏观研究过低估计实际情况中诸多因素交互作用之缺陷，微观研究的目的就是在建立完备的客观理论的基础上，了解社会现象的实际情况和可能情况，帮助人们了解学校主体的确切性质，以设计出可行的、有创造性的教育政策，帮助我国进行教育改革与发展。我国的教育政策研究分化程度相当低，基本上停留在教育政策研究的一般理论、宏观分析和方法（总论）的研究上，大部分分支研究并未分化、成型。因此，教育政策学研究领域拓展的关键在于微观研究方面的深入与升华，微观研究要为教育政策学分支研究的发展奠定坚实的基础，从而增强教育政策学的话语权，最终形成教育政策学的学科领域与体系。

（五）增强实证研究

当下，我国规范的政策学研究多以思辨、分析文本内容为主，关注的是目标、结果、决策、制度的规范性研究，主要处理的是“价值问题”，解答的是“应该是什么”的应然层面上的问题。教育政策学研究应用实证研究的方法则比较欠缺，即研究者亲自收集观察资料，为提出理论假设或检验理论假设而展开的研究比较欠缺，主要处理的是“事实”问题，解答“是什么”的实然层面上的问题比较少。教育政策学研究既要关注价值分析，也要注重事实分析，既要重视价值判断在决策行为及政策过程中的地位和作用，也要关注事实分析为政策制定提供的理性选择，不可使实然与应然形成断裂的关系。目前，我国的教育政策学研究主要以文献、思辨和规范研究为主，研究倾向于对教育政策文本的解读和阐释，常见于对政策问题提出一般性政策建议，缺乏对复杂真实的教育政策现象的深入剖析及以此为基础的理论分析。文献的思辨研究和实证研究是社会科学研究的重要方法，以文献研究为主的教育政策研究的主要关注基点是“经验—问题—解决”的思路，缺乏应有的理论深度与高度，实证研究建立在观察和实验的经验事实之上，通过经验观察数据和实验研究手段来揭示具有普遍性和客观性的一般结论。如果这两方面的研究失衡，我们的研究将脱离现实的教育轨迹，从而使理论研究陷于思辨和文献中，使我们的研究脱离教育实践。

第三章 中国教育政策学学科范式的知识图谱

“范式”概念是科学哲学家库恩在研究科学革命的结构时提出的，他认为“一方面，范式代表着某一科学共同体的成员所共同分享的信念、价值、技术及诸如此类东西的集合；另一方面，范式又是指集合中的一种特殊要素——作为模型或范例的具体解决问题的方法”①。而“学科范式”是指某一时期学科共同体成员所共同分享的信念、价值、技术等元素的集合，具有规范性、共同性、历史性等特性②。中国教育政策学学科范式同样以本学科共同体为研究对象，通过分析这些学术共同体的研究领域来分析学科范式。

传统方法对于学科范式中学术共同体的判定或研究多采用定性的分析方法，这种方法虽有其合理性，但是在很大程度上会受到研究者自身认识局限的影响。针对这一缺陷，我们需要寻求更好的方法，一般来说，学术论文是寻找核心作者最重要的信息源，运用学术论文的属性数据来界定拥有相近研究方向的学术群体是研究者们新的着眼点，当然在不同阶段，同一个核心作者的影响力可能有所变化。中国教育政策学学科建设的紧要任务在于尽可能多地吸纳作者，形成连续、稳定的作者队伍。通过运用一种来自于文献计量学的方法——作者共被引分析法（author co-citation analysis，ACA），使范式的实证研究成为可能。作者共被引分析法不仅可以揭示教育政策学的发展现状乃至变化情况，还可以用它来进行教育政策前沿分析、领域分析、科研评价等，进而为宏观政策决策提供先行支持、为政策规划与评估提供基础③。作者共被引分析法主要是通过分析不同作者发表

---

① Kuhn T S. The Structure of Scientific Revolution[M]. Chicago：The University of Chicago Press，1962：175.

② 李晶. 学科范式转型与高等教育学学科建设[J]. 高教探索，2013，（5）：52-56.

③ 苑彬成，方曙，刘合艳. 作者共被引分析方法进展研究[J]. 图书情报工作，2009，53（22）：80-84.

的文献及被其他文献引用的情况，来帮助确定作者之间研究兴趣的距离，一般通过选择核心作者、建立作者共被引矩阵、知识图谱分析等步骤，借助绘制出的中国教育政策学主流学术群体可视化多维尺度图谱来更好地把握中国教育政策学主流学术群体的理论和思想，划分中国教育政策学的理论结构。

一、核心作者选择及其影响力分析

某一门学科的发展与该学科的最核心的人物及其引领作用是分不开的，其思想和实践对学科范式的发展能够产生十分重要的影响。同样，在中国教育政策学研究领域活跃着一批优秀的学科领袖，推动着中国教育政策学的发展与进步。中国教育政策学学科领域作者的数量及结构的变化，不仅在一定程度上反映了该领域核心作者的影响力，还可以通过对核心作者的统计分析反映该学科的兴衰起伏、分化演变等趋势。在中国教育政策学形成和发展过程中，选择该学科领域内有影响力的作者，以他们两两同时被引用的次数作为彼此研究领域相似性的量度，构造共被引矩阵，进行多元统计分析，以分析中国教育政策学学科领域的兴衰、分化、演变趋势等①。

（一）数据来源

本书以中国学术期刊网络出版总库作为数据来源。为了保证查全率，利用篇名字段进行检索，采用的检索篇名为“教育并含政策”，时段为1985—2015年。通过人工检索，剔除非正式文献（主要包括会议纪要、新闻稿等其他与研究无关的数据信息）后，将所搜集到的符合要求的文献按研究的需要自定义信息选项进行导出，并保存为 txt 文档格式，共得到 5 893 篇文献，其中包含的作者总数为 5 667 位（通过数据清洗去除了作者字段缺失的条目）。另外，利用 Bicomb 软件统计出 5 667 位作者在 1985—2015 年分别发表文献的总被引频次，并二次剔除重名或与中国教育政策学研究不相关的文献被引频次，从而得出该名作者最终的发文被引频次，以此作为筛选核心作者的基础数据，并据此计算出核心作者的影响力。

① 马费成，宋恩梅. 我国情报学研究分析：以 ACA 为方法[J]. 情报学报，2006，25（3）：259-268.

（二）研究方法及工具

核心作者的选取主要采用的是综合指数法，它是一个以正负均值为基本值，求得各项指标折算值后再汇总，然后根据汇总值大小对评价对象进行分析的方法[①]。在文献计量学中[②]，用于测评核心作者的指标有两个：发文量与被引量。对这两个指标进行综合测评能较好地反映学者们科研成果的数量和质量，较为准确地体现作者的科研影响力。

研究工具主要使用 Bicomb、Excel 等软件，Bicomb 软件是书目共现分析系统（Bibliographic Item Co-Occurrence Matrix Builder）的简写，它受到中国卫生政策支持项目（Health Policy Support Project，HPSP）资助，由崔雷教授和沈阳市弘盛计算机技术有限公司协作开发。在运用 Bicomb 软件时应首先将从中国知网下载的数据进行指定格式（txt 或者 xml）的转换；其次是通过对文献数据库中的文献信息主题词等进行快速扫描，根据所需要的信息准确提取并归类存储；最后是抽取字段，如作者，在系统中对所需研究的内容进行频次统计，并根据自身的需要确定频次分布的阈值，截取要进一步分析的条目（如高产作者等）[③]。Excel 软件是用来更方便处理数据的办公软件，本章主要是用来进行数据的整理及结果的展示。通过运用 Excel 软件将数据用表格的形式进行梳理，并运用图表功能进行核心作者影响力分析图表的制作。最终得出 1985—2015 年中国教育政策学主流学术群体研究领域的分析图表。通过对图表中各个学术群体的位置变化进行分析，并结合中国教育政策学学科领域主流学术群体的总体情况，来聚焦学科范围的研究方向，判定学术群体的关系承继及该群体研究内容的重心，最终整理出中国教育政策学学科范式的演化过程。

（三）核心作者的选择

通常采用作者发文的“总被引频次”作为选择核心作者的标准。但是因为文献的总被引频次高低是受多方面因素影响的，其中，发文的时间早晚对被引频次会有很大影响。如果文献发表得早，存在的时间长，即便每年的被引频次不多，

---

① 秦寿康. 综合评价原理与应用[M]. 北京：电子工业出版社，2003：10-12.

② 丁学东. 文献计量学基础[M]. 北京：北京大学出版社，1993：226-238.

③ 崔雷. 书目共现分析系统用户操作使用说明书[Z].

但是随着时间的积累，总的被引次数也会很多；再者，文献发表的时间较新，虽然出版时间短，但是发表之后就因切中时事要害，短时间内就引起了很大的关注，所研究的问题掀起了研究的热潮，那么被引频次也会增多。总之，单一维度地分析被引频次的高低会造成一定的研究误差。所以，本章的研究主要以发文量和被引频次二维标准来确定核心作者。一般来说，文献发表数量和文献被引用频次是判断学科领域里核心作者的必备要素，能够较为直观地反映出该作者在这一领域中的影响力。据此，我们选择综合指数法来确定中国教育政策学学科研究的核心作者。

通过综合指数高低来初步判定核心作者，主要操作是通过三个步骤实现筛选。

（1）筛选核心作者候选人。根据普赖斯定律 $M=0.749\sqrt{N_{\max}}$（其中，M 为核心作者最低发文篇数，$N_{\max}$ 为发文最多的发文篇数）可以得知核心作者候选人最少发文量，基于检索结果可知在教育政策学领域发文最多的是中国教育科学研究院的杨润勇，共发表文献 31 篇，主要研究成果集中在教育政策建议、政策分析、政策执行及区域教育政策等方面。将 $N_{\max}$ 值代入公式可得 $M \approx 4$，即核心作者候选人最少的发文量为 4 篇。统计整理发现，共有 342 位学者为中国教育政策学研究群体的核心候选人。

（2）测算核心候选人的综合指数。首先，整理数据可以得知核心候选人的平均发文量为 5.92 篇（为了研究的准确性，研究数据小数位后保留了两位数值），平均被引频次为 69.47 次。其次，计算各项指标的折算指数。可以使用公式：发文量折算指数=候选人发文量/候选人平均发文量×100，被引折算指数=候选人被引量/候选人平均被引量×100。最后，分别对发文量指数和被引量指数赋以权重，计算核心作者候选人的综合指数。我们按照“综合指数=候选人发文指数×0.5+候选人被引指数×0.5”的公式进行计算。

（3）将综合指数大于 80 的作者定为核心作者①。计算结果显示：符合条件的核心候选人有 142 位。其中刘复兴、李孔珍、杨润勇、孙锦涛、袁振国、杨东平、庞丽娟、张乐天、雷万鹏、涂端午、杨颖秀、王鉴、和震、黄忠敬、祝怀

① 李保强，蔡运荃，吴笛. 我国高等职业教育研究学术群体知识图谱构建——基于作者共被引分析的视角[J]. 高等教育研究，2016，（8）：40-47.

新、马树超16位作者最为突出，其综合指数均在300以上。为了避免遗漏和保障研究的科学有效性，研究者主要采用第一种方法并结合参照第二种方法，按照综合指数的高低顺序和研究的实际需要选取了 142 位核心作者为共被引分析对象。这142位作者总被引频次为18 807次，占1985—2015年中国教育政策学核心作者候选人文献总被引频次的79%，具有代表性。

另外，运用Excel软件对1985—2015年的5 893篇文献的作者数据进行统计后，对于342位核心作者候选人，在中国学术期刊网络出版总库中手动检索这些作者的引证数据，下载时间截至2015年12月31日。1985—2015年，中国教育政策学界共有5 667位作者，其中被定为核心作者候选人的342位作者文献总被引频次为23 778次，平均每位作者被引69.53次。在数量较大的作者群中，142位核心作者的文献总被引频次为18 807次，平均每位作者的被引频次为132.44次。他们占中国教育政策学作者总数的2.5%，总被引频次却占据了半壁江山。极高的被引频次证明了这些作者在中国教育政策学研究领域的影响巨大，他们在学科领域内进行学术研究的时间跨度较大，研究的方向明确，研究成果数量多且质量很高，在后继的研究中多次被引用，对问题的理解深刻、有见地[①]。由他们所组成的学术群体推动着整个中国教育政策学的发展和进步（表3-1）。

表3-1　中国教育政策学的核心作者（1985—2015年）

序号	作者	被引频次/次	序号	作者	被引频次/次
1	刘复兴	1 478	9	雷万鹏	402
2	李孔珍	296	10	涂端午	317
3	杨润勇	215	11	杨颖秀	248
4	孙绵涛	467	12	王鉴	365
5	袁振国	454	13	和震	288
6	杨东平	430	14	黄忠敬	196
7	庞丽娟	393	15	祝怀新	253
8	张乐天	220	16	马树超	327

① 周春雷. 引荐分析法：一种新的引文分析法[J]. 情报学报，2010，29（4）：671-678.

续表

序号	作者	被引频次/次	序号	作者	被引频次/次
17	石火学	179	46	吴政富	66
18	张力	49	47	徐小洲	156
19	鲍传友	283	48	李玉静	102
20	祁型雨	250	49	肖远军	150
21	薛二勇	197	50	雷世平	97
22	陈学飞	248	51	杨军	138
23	许明	266	52	韩民	136
24	林小英	177	53	谌启标	121
25	周满生	190	54	徐杰舜	61
26	范国睿	188	55	赖秀龙	160
27	祁占勇	159	56	李文利	152
28	胡春梅	148	57	高庆蓬	112
29	牛长松	218	58	贾爱武	135
30	郭扬	200	59	马陆亭	111
31	刘世清	95	60	吴遵民	122
32	曲铁华	124	61	徐国庆	106
33	汪明	159	62	蒋园园	94
34	滕星	217	63	李军	93
35	王璐	114	64	朱永坤	104
36	夏婧	172	65	张筱峰	60
37	张烨	146	66	孙翠香	92
38	邓旭	142	67	段素菊	113
39	单中惠	148	68	唐燕儿	53
40	周小虎	144	69	邵泽斌	87
41	蔡迎旗	214	70	魏峰	98
42	洪成文	120	71	徐绪卿	109
43	杨启光	94	72	孙美红	150
44	周佳	140	73	袁桂林	119
45	李均	160	74	张红	83

续表

序号	作者	被引频次/次	序号	作者	被引频次/次
75	曹惠容	24	104	戴晓霞	94
76	杜瑞军	117	105	曹迪	47
77	王琳	10	106	张随刚	82
78	许建美	79	107	徐玲	34
79	孙琳	127	108	衣华亮	57
80	李建发	125	109	潘慧萍	80
81	邱小健	76	110	何杰	44
82	刘春生	97	111	邬志辉	79
83	阮成武	48	112	肖甦	55
84	吴华	60	113	刘芳	61
85	李祥云	102	114	陈武元	90
86	王智超	78	115	余英	66
87	邓凡	66	116	曾天山	64
88	龙春阳	41	117	魏宏聚	65
89	徐辉	98	118	曲正伟	52
90	阎凤桥	86	119	楼世洲	50
91	胡伶	74	120	武学超	94
92	张学强	62	121	徐艳国	34
93	王平	85	122	黄明东	20
94	冯增俊	93	123	陆启光	54
95	孟凡丽	93	124	余祖光	63
96	王嘉毅	102	125	包海芹	65
97	张天雪	66	126	彭虹斌	27
98	严庆	77	127	刘晓	50
99	李伟	41	128	李文彬	74
100	谢少华	64	129	李爱萍	72
101	栗玉香	75	130	覃壮才	73
102	周国平	60	131	贺武华	48
103	文东茅	103	132	蔡文伯	36

续表

序号	作者	被引频次/次	序号	作者	被引频次/次
133	谈松华	59	139	冯大鸣	35
134	周光礼	43	140	刘宝存	54
135	孙中民	46	141	徐志勇	68
136	马建富	45	142	李海生	36
137	胡劲松	55	合计		18 807
138	孙启林	37			

注：如果存在合著，则不论是否存在第一作者，在表 3-1 中都会看成被引用 1 次。另外，表 3-1 中的排序和被引频次只具有科学计量学层面上的统计意义，并不是对这些作者科研水平和能力排序

由表 3-1 可知，刘复兴的总被引频次最高，为 1 478 次，其中他的被引频次最高的时段是 2002 年，被引频次最高的文献有《我国教育政策的公平性与公平机制》，为 313 次；《论教育政策的价值基础》，为 199 次；《教育政策价值分析的三维模式》，为 138 次。除了刘复兴，来自北京师范大学的核心作者还有庞丽娟、和震、鲍传友、胡春梅、王璐、夏婧、张烨、洪成文、孙美红、袁桂林、杜瑞军、王平、张天雪、肖甦、刘宝存、徐志勇，分别排在第 7、13、19、28、35、36、37、42、72、73、76、93、97、112、140、141 位，约占 142 位核心作者人数的 11.28%。北京师范大学 1985—2015 年在教育政策研究领域的“第一方阵”，在教育政策问题、教育制度、教育政策制定、政策执行、学前教育立法、教师教育、区域教育综合改革、依法执教、行政管理、教育督导、城乡义务教育政策、农村教师教育制度、教育财政供给、校长权力、现代学校制度、国外教育政策和其他相关的教育法令法规等方面有着十分重要的研究成果。

来自华东师范大学的袁振国排在中国教育政策学核心作者的第 5 位，被引频次最高的文献为《缩小差距——中国教育政策的重大命题》，发表于 2005 年，最高被引频次为 220 次，同样来自于华东师范大学的还有黄忠敬、范国睿、刘世清、徐国庆、李军、孙翠香、胡伶、冯大鸣、李海生，分别排在第 14、26、31、61、63、66、91、139、142 位，约占 142 位核心作者的 7.7%。华东师范大学 1985—2015 年在中国教育政策学研究的“第二方阵”，在教育政策分析、依法治教、政策制定、政策工具、教育政策伦理、政策取向、职业教育政策、政策分析、流动人口子女教育政策、政策监测、教育政策优化、教育权、政策选择等方

面的研究有较大的成就。

来自东北师范大学的杨颖秀排在中国教育政策学核心作者的第 11 位，被引频次最高的文献为《免费师范教育政策理想与现实的冲突及建议》，发表在 2007 年，被引频次为 56 次。同样来自于东北师范大学的核心作者还有曲铁华、高庆蓬、朱永坤、张红、王智超、邓凡、邬志辉、曲正伟、孙启林，分别排在第 32、57、64、74、86、87、111、118、138 位，约占 142 位核心作者人数的 6.3%，东北师范大学和华东师范大学一样重要，1985—2015 年在中国教育政策学研究的"第三方阵"，在受教育权、教育政策执行、职前教师教育、农村义务教育、政策评估、农村职业教育、教育公平、政策解读、政策制定、政策执行滞后、教育管理体制、政府责任、知情权、地方教育制度等方面研究深入，成绩斐然。

来自北京大学的涂端午排在中国教育政策学核心作者的第 10 位，同样来自北京大学的核心作者还有陈学飞、林小英、李文利、阎凤桥、文东茅 5 位学者，分别排在第 22、24、56、90、103 位，约占 142 位核心作者的 3.5%。北京大学研究学者在政策文本、政策现状分析、本土教育政策理论、政策变迁、政策支持等方面研究实力较强。

来自首都师范大学的李孔珍排在中国教育政策学核心作者的第 2 位，同样来自于首都师范大学的还有曹迪、徐玲，分别排在第 105、107 位，约占 142 位核心作者人数的 1.4%。首都师范大学在新课程政策执行、教育政策环境、政策资源、语言教育政策、教育政策研究、教育救助政策、政策理解等方面的研究深入。

（四）中国教育政策学核心作者的影响力变化

本节将 1985—2015 年分为 1985—1995 年、1996—2005 年、2006—2015 年三个阶段，分别统计汇总各个阶段内核心作者的被引总数并做好记录。在此基础上，首先计算出每位作者在不同阶段所占核心作者总被引频次的比例，如刘复兴 1985—1995 年被引频次为 0 次，占核心作者总被引频次的比例也为 0，1996—2005 年被引频次为 1 368 次，占核心作者总被引频次的比例为 7.24%，2006—2015 年被引频次为 110 次，占核心作者总被引频次的比例为 0.58%。通过各个阶段的被引频次总数及其所占核心作者总被引频次的比例来反映每位作者在不同阶段的被引频次状况。然后，通过计算每位作者在相邻两个时段被引频次的变化浮动，反映出每位作者的影响力变化模式。例如，刘复兴在 1996—2005 年与 1985—1995 年这两个相邻时段的被引频次之差是 1 368 次，频次比例变化为 7.24%，在 2006—2015 年与 1996—2005 年这两个相邻时段的被引频次之差是−1 258 次，频次比例变化为−6.66%。由此可以看出，刘复兴在这三个时段的差值的变化，先是正值再是负值。具体的核心作者各阶段被引频次数见表 3-2。

表 3-2 核心作者在各个阶段的被引频次

序号	作者	第一时段		第二时段		第三时段	
		1985—1995 年		1996—2005 年		2006—2015 年	
		被引频次/次	占核心作者总被引频次比例	被引频次/次	占核心作者总被引频次比例	被引频次/次	占核心作者总被引频次比例
1	刘复兴	0	0	1 368	7.24%	110	0.58%
2	李孔珍	0	0	32	0.17%	264	1.40%
3	杨润勇	0	0	37	0.20%	178	0.94%
4	孙绵涛	0	0	329	1.74%	138	0.73%
5	袁振国	0	0	452	2.39%	2	0.01%
6	杨东平	0	0	307	1.62%	123	0.65%
7	庞丽娟	0	0	0	0	393	2.08%
8	张乐天	0	0	29	0.15%	191	1.01%
9	雷万鹏	0	0	346	1.83%	56	0.30%
10	涂端午	0	0	0	0	317	1.68%
11	杨颖秀	0	0	92	0.49%	156	0.83%
12	王鉴	0	0	161	0.85%	204	1.08%
13	和震	0	0	43	0.23%	245	1.30%
14	黄忠敬	0	0	32	0.17%	164	0.87%
15	祝怀新	0	0	241	1.27%	12	0.06%
16	马树超	0	0	0	0	327	1.73%
17	石火学	0	0	0	0	179	0.95%
18	张力	2	0.01%	7	0.04%	40	0.21%
19	鲍传友	0	0	248	1.31%	35	0.19%
20	祁型雨	0	0	181	0.96%	69	0.36%
21	薛二勇	0	0	0	0	197	1.04%
22	陈学飞	19	0.10%	45	0.24%	184	0.97%
23	许明	7	0.04%	49	0.26%	210	1.11%
24	林小英	0	0	4	0.02%	173	0.92%
25	周满生	0	0	64	0.34%	126	0.67%

续表

序号	作者	第一时段		第二时段		第三时段	
		1985—1995 年		1996—2005 年		2006—2015 年	
		被引频次/次	占核心作者总被引频次比例	被引频次/次	占核心作者总被引频次比例	被引频次/次	占核心作者总被引频次比例
26	范国睿	59	0.31%	9	0.05%	120	0.63%
27	祁占勇	0	0	0	0	159	0.84%
28	胡春梅	4	0.02%	61	0.32%	83	0.44%
29	牛长松	0	0	0	0	218	1.15%
30	郭扬	0	0	0	0	200	1.06%
31	刘世清	0	0	1	0.01%	94	0.50%
32	曲铁华	4	0.02%	0	0	120	0.63%
33	汪明	0	0	134	0.71%	25	0.13%
34	滕星	0	0	199	1.05%	18	0.10%
35	王璐	0	0	24	0.13%	90	0.48%
36	夏婧	0	0	0	0	172	0.91%
37	张烨	0	0	79	0.42%	67	0.35%
38	邓旭	0	0	0	0	142	0.75%
39	单中惠	0	0	77	0.41%	71	0.38%
40	周小虎	0	0	0	0	144	0.76%
41	蔡迎旗	0	0	139	0.74%	75	0.40%
42	洪成文	3	0.02%	17	0.09%	100	0.53%
43	杨启光	8	0.04%	40	0.21%	46	0.24%
44	周佳	0	0	85	0.45%	55	0.29%
45	李均	0	0	71	0.38%	89	0.47%
46	吴政富	0	0	0	0	66	0.35%
47	徐小洲	0	0	23	0.12%	133	0.70%
48	李玉静	0	0	39	0.21%	63	0.33%
49	肖远军	15	0.08%	120	0.63%	15	0.08%
50	雷世平	0	0	73	0.39%	24	0.13%
51	杨军	0	0	138	0.73%	0	0
52	韩民	10	0.05%	48	0.25%	78	0.41%
53	谌启标	0	0	73	0.39%	48	0.25%
54	徐杰舜	0	0	0	0	61	0.32%
55	赖秀龙	0	0	0	0	160	0.85%
56	李文利	0	0	66	0.35%	86	0.45%

续表

序号	作者	第一时段		第二时段		第三时段	
		1985—1995 年		1996—2005 年		2006—2015 年	
		被引频次/次	占核心作者总被引频次比例	被引频次/次	占核心作者总被引频次比例	被引频次/次	占核心作者总被引频次比例
57	高庆蓬	0	0	1	0.01%	111	0.59%
58	贾爱武	0	0	0	0	135	0.71%
59	马陆亭	0	0	26	0.14%	85	0.45%
60	吴遵民	0	0	1	0.01%	121	0.64%
61	徐国庆	0	0	52	0.28%	54	0.29%
62	蒋园园	0	0	0	0	94	0.50%
63	李军	0	0	53	0.28%	40	0.21%
64	朱永坤	0	0	0	0	104	0.55%
65	张筱峰	0	0	60	0.32%	0	0
66	孙翠香	0	0	0	0	92	0.49%
67	段素菊	0	0	50	0.26%	63	0.33%
68	唐燕儿	0	0	32	0.17%	21	0.11%
69	邵泽斌	0	0	2	0.01%	85	0.45%
70	魏峰	0	0	0	0	98	0.52%
71	徐绪卿	0	0	23	0.12%	86	0.45%
72	孙美红	0	0	0	0	150	0.79%
73	袁桂林	0	0	0	0	119	0.63%
74	张红	0	0	8	0.04%	75	0.40%
75	曹惠容	0	0	0	0	24	0.13%
76	杜瑞军	0	0	0	0	117	0.62%
77	王琳	0	0	7	0.04%	3	0.02%
78	许建美	0	0	70	0.37%	9	0.05%
79	孙琳	0	0	91	0.48%	36	0.19%
80	李建发	0	0	125	0.66%	0	0
81	邱小健	0	0	0	0	76	0.40%
82	刘春生	0	0	73	0.39%	24	0.13%
83	阮成武	0	0	0	0	48	0.25%
84	吴华	0	0	39	0.21%	21	0.11%
85	李祥云	0	0	76	0.40%	26	0.14%
86	王智超	0	0	0	0	78	0.41%
87	邓凡	0	0	0	0	66	0.35%

续表

序号	作者	第一时段		第二时段		第三时段	
		1985—1995年		1996—2005年		2006—2015年	
		被引频次/次	占核心作者总被引频次比例	被引频次/次	占核心作者总被引频次比例	被引频次/次	占核心作者总被引频次比例
88	龙春阳	0	0	36	0.19%	5	0.03%
89	徐辉	0	0	42	0.22%	56	0.30%
90	阎凤桥	0	0	71	0.38%	15	0.08%
91	胡伶	0	0	0	0	74	0.39%
92	张学强	0	0	0	0	62	0.33%
93	王平	0	0	43	0.23%	42	0.22%
94	冯增俊	6	0.03%	72	0.38%	15	0.08%
95	孟凡丽	0	0	0	0	93	0.49%
96	王嘉毅	0	0	0	0	102	0.54%
97	张天雪	0	0	10	0.05%	56	0.30%
98	严庆	0	0	52	0.28%	25	0.13%
99	李伟	0	0	1	0.01%	40	0.21%
100	谢少华	0	0	36	0.19%	28	0.15%
101	栗玉香	0	0	0	0	75	0.40%
102	周国平	0	0	32	0.17%	28	0.15%
103	文东茅	0	0	95	0.50%	8	0.04%
104	戴晓霞	0	0	89	0.47%	5	0.03%
105	曹迪	0	0	0	0	47	0.25%
106	张随刚	0	0	82	0.43%	0	0
107	徐玲	0	0	0	0	34	0.18%
108	衣华亮	0	0	0	0	57	0.30%
109	潘慧萍	0	0	80	0.42%	0	0
110	何杰	0	0	6	0.03%	38	0.20%
111	邬志辉	0	0	53	0.28%	26	0.14%
112	肖甦	0	0	23	0.12%	32	0.17%
113	刘芳	0	0	0	0	61	0.32%
114	陈武元	0	0	71	0.38%	19	0.10%
115	余英	0	0	0	0	66	0.35%
116	曾天山	0	0	64	0.34%	0	0
117	魏宏聚	0	0	0	0	65	0.34%
118	曲正伟	0	0	15	0.08%	37	0.20%

续表

序号	作者	第一时段 1985—1995 年		第二时段 1996—2005 年		第三时段 2006—2015 年	
		被引频次/次	占核心作者总被引频次比例	被引频次/次	占核心作者总被引频次比例	被引频次/次	占核心作者总被引频次比例
119	楼世洲	0	0	16	0.08%	34	0.18%
120	武学超	0	0	38	0.20%	56	0.30%
121	徐艳国	0	0	0	0	34	0.18%
122	黄明东	0	0	10	0.05%	10	0.05%
123	陆启光	0	0	30	0.16%	24	0.13%
124	余祖光	0	0	43	0.23%	20	0.11%
125	包海芹	0	0	54	0.29%	11	0.06%
126	彭虹斌	0	0	23	0.12%	4	0.02%
127	刘晓	0	0	30	0.16%	20	0.11%
128	李文彬	0	0	0	0	74	0.39%
129	李爱萍	0	0	72	0.38%	0	0
130	覃壮才	0	0	42	0.22%	31	0.16%
131	贺武华	0	0	0	0	48	0.25%
132	蔡文伯	0	0	0	0	36	0.19%
133	谈松华	0	0	59	0.31%	0	0
134	周光礼	0	0	0	0	43	0.23%
135	孙中民	0	0	0	0	46	0.24%
136	马建富	0	0	0	0	45	0.24%
137	胡劲松	0	0	44	0.23%	11	0.06%
138	孙启林	0	0	0	0	37	0.20%
139	冯大鸣	0	0	6	0.03%	29	0.15%
140	刘宝存	5	0.03%	19	0.10%	30	0.16%
141	徐志勇	0	0	14	0.07%	54	0.29%
142	李海生	0	0	12	0.06%	24	0.13%

利用表 3-2 可以分析出中国教育政策学的核心作者在不同时段内影响力的变化情况。对每位核心作者在这三个时段所占的核心作者总被引频次的比例作比较，就可以得出核心作者第一时段到第二时段的被引变化（如图 3-1 中的深色条块所示）和第二时段到第三时段的被引变化（如图 3-1 中的浅色条块所示）

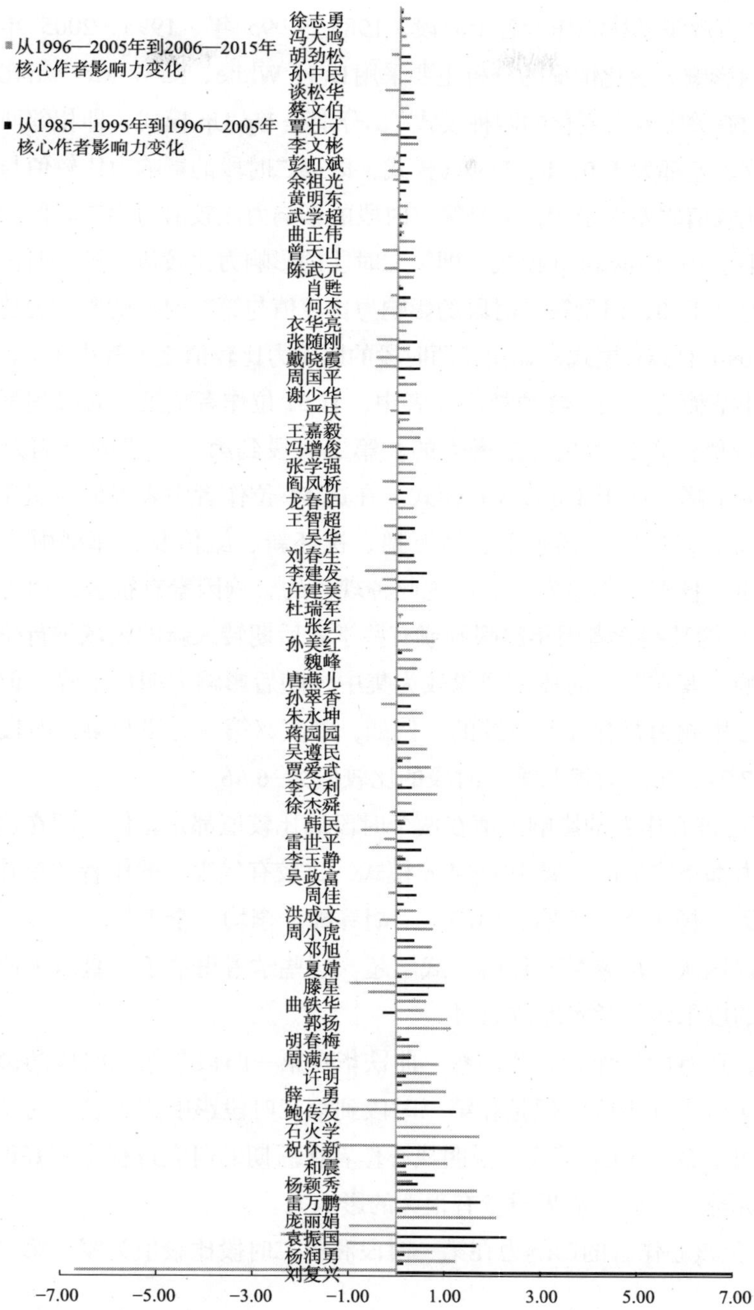

图 3-1 中国教育政策学核心作者各时段内影响力的变化

中国教育政策学核心作者各个时段（1985—1995 年、1996—2005 年、2006—2015年）内影响力变化情况的分析主要采用D. H. White、K. W. McCain在其文献中归纳总结的有关影响力变化的四种模式①，分别是 Up-Up 模式，即相邻两时段的影响力比较值之差都大于 0；Up-Down 模式，即第二时段的影响力比较值与第一时段的影响力比较值之差大于 0，但是第三时段的影响力比较值与第二时段的影响力比较值之差小于 0；Down-Up 模式，即第二时段的影响力比较值与第一时段的影响力比较值之差小于 0，但是第三时段的影响力比较值与第二时段的影响力比较值之差大于 0；Down-Down 模式，即相邻两时段的影响力比较值之差都小于 0。

就本小节而言，在 142 位核心作者中，有 51 位作者从第一时段到第二时段的影响力比较值为正，影响力是增大的，第二时段到第三时段的影响力比较值为负，影响力下降，属于 Up-Down 模式。在这 51 位作者中表现最为明显的有刘复兴、孙绵涛、袁振国、杨东平、雷万鹏、祝怀新、鲍传友、祁型雨、汪明、滕星、蔡迎旗、杨军、李建发等。出现此种现象的影响因素有很多，因为时间跨度是 30 年，可能某些学者因年龄限制或有些学者后期转入新的领域进行研究等多种因素的影响，其在某一时段内成果较为集中，随后影响力明显下降。但是总的来说，其核心影响力是存在并持续的。例如，刘复兴第一时段与第二时段的影响力比较值为 7.24，第二时段与第三时段的比较值为−6.66。

有 42 位核心作者的影响力值在两个时段的比较值都是正值，即在这两个时段内的影响力都是增加的，属于 Up-Up 模式，比较有代表性的作者如李孔珍、杨润勇、张乐天、杨颖秀、王鉴、周满生、胡春梅、李均、李玉静、韩民、李文利、马陆亭、徐国庆、段素菊、徐辉、武学超。这些学者得益于一直以来研究方向明确，研究的成果多，学术地位稳固。

另外，还有两位作者，范国睿、曲铁华在第一时段与第二时段的影响力比较值为负，影响力在下降，但是在第二时段到第三时段影响力比较值为正，影响力在上升，属于 Down-Up 模式。说明核心作者在后期的研究过程中更好地切中实施所需和研究热点，研究成果质量有很大的影响力。

有 46 位核心作者的影响力在第一时段和第二时段比较值为零，第二时段和第

① White D H，McCain K W. Visualizing a discipline：an author co-citation analysis of information science，1972—1995[J]. Journal of the America Society for Information Science，1998，49（4）：327-355.

三时段的比较值为正，影响力上升，其中影响力上升比较突出的学者有庞丽娟、马树超、涂端午、牛长松、郭扬、薛二勇、石火学、夏婧、赖秀龙、孙美红、周小虎、祁占勇。前期这些学者没有进行教育政策学的研究，但随着其研究的展开和深入，在中国教育政策学研究领域影响力逐步增强并占有一定地位。

二、核心作者共被引知识图谱分析

作者共被引分析法（author co-citation analysis，ACA），是指用不同作者发表的文献同时被其他文献作者引用的频次来确定不同的作者研究兴趣的距离的方法①。该方法于 1973 年由 Small 和 Marshakova 首次提出，目前已被应用于分析战略管理、消费者行为、国际管理领域研究的知识结构②。在运用此方法时，主要假定期刊论文和著作都包含了组成一种研究领域所需的知识，并且这些期刊和著作的参考文献被看作理念的代用品，它们在一定程度上反映和影响着作者的研究结果。本节中核心作者共被引知识图谱分析主要是以第一节所选取出的核心作者数为基准，在建立作者共被引矩阵的基础之上，从多维尺度分析、社会网络分析两个方面切入，来具体分析中国教育政策学学科范式的发展与演变。

（一）数据来源

本节的核心作者共被引知识图谱分析数据是基于搜索中国知网上相关文献的被引频次建立的，以核心作者影响力变化的分析中所选取出的核心作者数为基准，检索并剔除无关资料之后，得到核心作者在中国知网平台所发布的文献的被引频次，并将其进行组对，通过这样在线两两检索作者，查询共被引文献，获得文献被引频次，进而建立知识图谱所需的共现矩阵。

（二）研究方法和工具

共引（co-citation 或 cocitation）是指两篇或两篇以上的文献同时被别的文献

① 高鹏斌，于渤，吴伟伟. 基于作者共被引分析法的即兴领域知识结构研究[J]. 技术经济，2013，32（11）：1-8.

② Nerur S P，Rasheed A A，Natarajan V. The intellectual structure of the strategic management field：an author co-citation analysis[J]. Strategic Management Journal，2008，29（3）：319-336.

引用。共引分析法（cocitation analysis）是以具有一定学科代表性的一批文献为分析对象，利用多元统计分析方法，借助计算机，把众多的分析对象之间复杂的共引网状关系进行简化并直观地表示出来的方法①。1973 年，Small 和 Marshakova 首次提出“共引”的概念，他们对共引的定义如下：当两篇文献共同出现在第三篇文献的参考文献目录中时，这两篇文献就成为共被引的关系②。共被引分析包括文献共被引分析、期刊共被引分析、作者共被引分析、学科共被引分析等。本章主要利用作者共被引分析法进行研究。选取核心作者构建共被引知识图谱时，需要借助现代多元统计技术：多维尺度分析和社会网络分析。

根据研究需要，我们在选定研究方法之后所使用的研究工具，除第一节提到的 Excel 软件之外，还有 Ucinet 6.0 软件及其内置程序 Netdraw 及 SPSS 软件。Ucinet是一个社会网络分析集成软件，其中包括一维与二维分析的Netdraw，还有正在发展应用的三维展示分析软件 Mage 等。Netdraw 是简单的绘制网络图的工具，它可以同时处理多种关系，并根据节点的特性设置颜色、形状和节点的大小，是一个非常灵活的可视化软件，具有很强的矩阵运算的能力。SPSS软件具有完整的数据输入、编辑、统计分析、报表、图形制作等功能，在本章研究中主要利用内嵌的距离相关分析、因子分析、多维尺度分析和聚类分析等功能。

（三）作者共被引矩阵的建立

作者共被引矩阵的建立主要是为知识图谱分析中进行多维尺度分析和社会网络分析提供数据源。基于目前研究来看，一般学者建立作者共被引矩阵的方法有两种：一种是通过下载数据库的参考文献，以编写代码的方式查询作者共被引频次，进而构造共被引矩阵；另一种就是通过现有文献数据在中国知网总刊数据库在线检索获知作者共被引频次，手工构建作者共被引矩阵③。因为本节的统计源为中国知网数据库，所以在确定核心作者之后，利用 Bicomb 软件将第一节中提取的核心作者数制作成共现矩阵，此时的共现矩阵即中国教育政策学核心作者共

① 耿海英. 共引分析方法及其应用[D]. 中国科学院研究生院（文献情报中心）硕士学位论文，2007.

② Morman E T. Citation indexing：its theory and application in science，technology，and humanities by Eugene Garfield[J]. Is Is，1979，21（4）：714.

③ 邱均平，秦鹏飞. 基于作者共被引分析方法的知识图谱实证研究——以国内制浆造纸领域为例[J]. 情报理论与实践，2010，33（10）：28，53-56.

被引矩阵，并将其导出为txt的格式进行保存。为了方便下一步数据的处理，可将txt格式的合著矩阵转化成xlsx格式。在这个矩阵中如果代表两个元素之间关系的位置上的元素为非零，则表明这两个元素之间存在着关系（对角线上的数据除外），反之若为 0，则表明这两个元素之间不存在关系。紧接着通过两两在线检索作者共被引关系，获得（142×142）/2=10 082 组不同的数据，构建了核心作者的原始共被引矩阵。其中，我们继续沿用了学者们的做法，用对角线取该作者和其他作者共被引次数最大值+1 来表示，如表 3-3 所示①。

表 3-3　1985—2015 年中国教育政策学核心作者共被引次数矩阵（部分）

	刘复兴	李孔珍	杨润勇	孙绵涛	袁振国	杨东平	庞丽娟	张乐天	雷万鹏	涂端午	杨颖秀	王鉴	和震
刘复兴	1 479	0	0	0	0	0	0	0	0	0	0	0	0
李孔珍	0	297	0	0	0	0	0	0	0	0	0	0	0
杨润勇	0	0	216	0	0	0	0	0	0	0	0	0	0
孙绵涛	0	0	0	468	0	0	0	0	0	0	0	0	0
袁振国	0	0	0	0	455	0	0	0	0	0	0	0	0
杨东平	0	0	0	0	0	431	0	0	0	0	0	0	0
庞丽娟	0	0	0	0	0	0	394	0	0	0	0	0	0
张乐天	0	0	0	0	0	0	0	221	0	0	0	0	0
雷万鹏	0	0	0	0	0	0	0	0	403	0	0	0	0
涂端午	0	0	0	0	0	0	0	0	0	318	0	0	0
杨颖秀	0	0	0	0	0	0	0	0	0	0	249	0	0
王鉴	0	0	0	0	0	0	0	0	0	0	0	366	0
和震	0	0	0	0	0	0	0	0	0	0	0	0	289

在作者共被引次数矩阵建立之后可以对其进行标准化处理，能够更好地观测相似性。最终将表 3-3 作为聚类、多维尺度和社会网络分析的数据源，接下来的研究中可以将此矩阵直接输入 SPSS 软件进行数据操作与分析。

（四）多维尺度分析

多维尺度分析是分析研究对象相似性或差异性的一种多元统计方法，其真正价值就是能够直观地通过距离的远近来展现关键词的相似性。这些相似性能代表文献间作者级别的相似性、基于共被引目标间的相似性等②。将第一步得到的作

① 邱均平，马瑞敏. 网络环境下 ACA 方法的应用研究[J]. 图书情报工作，2008，52（2）：85-87.

② 陈悦. 创新管理知识图谱[M]. 北京：人民出版社，2014：21.

者共被引矩阵即表 3-3 导入 SPSS 20.0 统计软件，测度方法选择平方欧氏距离，标准化方法选择 *Z* 得分，分析结果如图 3-2 所示，从图 3-2 能够进一步明确中国教育政策学研究的学术群数量及边界。此外，多维尺度分析中，Stress 和 RSQ 是多维尺度的信度和效度估计值，Stress 值是拟合量好坏的衡量指标，其值越小说明其拟合度越好，而 RSQ 值越大越好，在 0.6 以上是可接受的①。运行结果 Stress=0.256 86，RSQ=0.874 70，表明数据拟合程度一般，可大概反映出中国教育政策学研究学者之间的学术关联。在图 3-2 中，每个小圆点代表一位作者，点之间的距离反映出作者之间的相似程度，有高度相似性的作者聚在一起，形成科学研究的共同体。越在中间的作者表明与他有联系的作者越多，在学派中的位置也就越核心；反之，则越孤独，越在外围。经过上述操作步骤，从图 3-2 中可以直观地展现出主流学术群体的分布，为判断中国教育政策学的主流研究领域提供可视化的分析依据②。

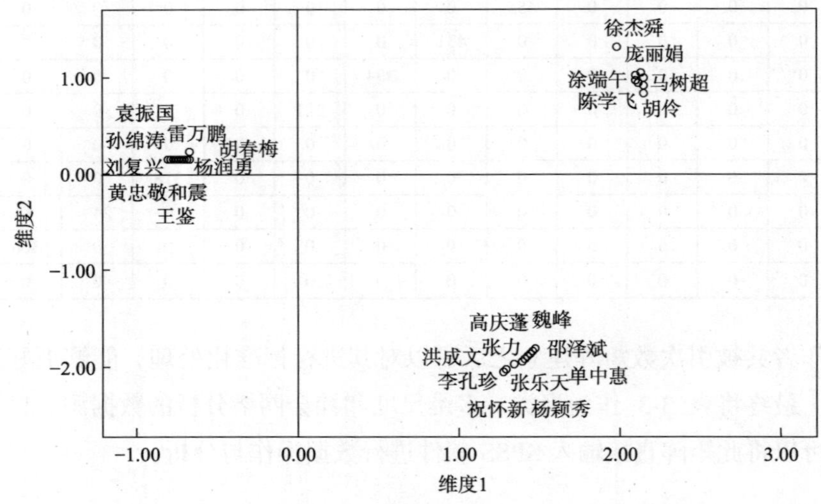

图 3-2　基于 ALSCAL 方法的多维尺度分析结果

此图是从 SPSS 中另存为所得，无法再进行编辑，其中，“吴政富”与“徐杰舜”两人是合作关系，但因显示限制，无法在图中找到“吴政富”信息

从图 3-2 中可以看出，1985—2015 年的 30 年间中国教育政策学主流研究领域

① 谭荣波，梅晓仁. SPSS 统计分析实用教程[M]. 北京：科学出版社，2007：145-166.

② 秦长江. 基于科学计量学共现分析法的中国农史学科知识图谱构建研究[D]. 南京农业大学博士论文，2009.

出现了三大阵营，主要集中于第一、二、四象限。

第一象限的代表作者有庞丽娟、涂端午、马树超、陈学飞、胡伶、徐杰舜、吴政富等核心作者，这一群体研究范式偏重于教育政策理论方面的研究，研究领域较广，涉及教育政策的方方面面。其中涂端午、马树超等的距离较近，研究方向和内容相近，主要在政策文本分析、政策资源分析等方面，而徐杰舜和吴政富虽对这一方面有所涉及但是更主要倾向于研究民族教育政策方面，与该象限中的其他作者之间的距离较远，联系不是十分紧密。

位于第二象限的核心作者主要有刘复兴、袁振国、杨润勇、孙绵涛、黄忠敬、胡春梅、和震、王鉴、雷万鹏等多位学者，这一群体研究范式偏重于教育政策分析，更多涉及的是政策建议。近几年主要以教育公平问题为核心开展教育政策学研究。从图 3-2 中可看出其各自之间的圆点交叉力度大，联系紧密，说明该领域内作者间关注的教育政策实践问题较为集中。

位于第四象限中的核心作者人数比较多，其中有杨颖秀、李孔珍、张力、张乐天、祝怀新、高庆蓬、单中惠、邵泽斌、洪成文、魏峰等多位学者，各自之间的圆圈距离很小，研究领域十分相近，关系也比较密切。

（五）社会网络分析

多维尺度分析虽然可以较好地体现变量之间的关系，但只能体现相似性，无法显示变量之间的强弱关系及变量间的合作关系①。而社会网络分析可以弥补其不足，通过作者共被引合作网络图谱，可以直观地展现各作者间的联结关系。社会网络分析，有时也称为“结构分析”，并不是一个正式的理论，而是一个广义的研究社会结构的独特方法，是测量和展现人与人或组织与组织等之间关系的一种社会学方法②。主要思想来源于数学与计算机技术。利用社会网络分析法构建的网络图谱中，主要由各个节点及节点间的连线构成，用节点代表人或组织，用连线表示他们之间的关系。就本节而言，每个节点代表了一个共被引作者，节点间的连线代表共被引作者彼此间存在合作关系。借用 Ucinet 6.0 软件来构建我国教育政策学学科领域作者共被引的可视化合作网络。因此将表 3-3 的作者共被引

① 邱均平，马瑞敏，李晔君. 关于共被引分析方法的再认识和再思考[J]. 情报学报，2008，27（1）：69-74.
② 陈悦. 创新管理知识图谱[M]. 北京：人民出版社，2014：16.

矩阵作为原始数据导入 Ucinet 6.0 软件中，进入操作界面后打开 File—Open—Ucinet Dataset—Netdraw，在弹出的对话框中选择 2-mode Network 确定后，利用 Visualize 工具选择 Netdraw，得到图 3-3 的作者共被引网络 2-mode 图谱。

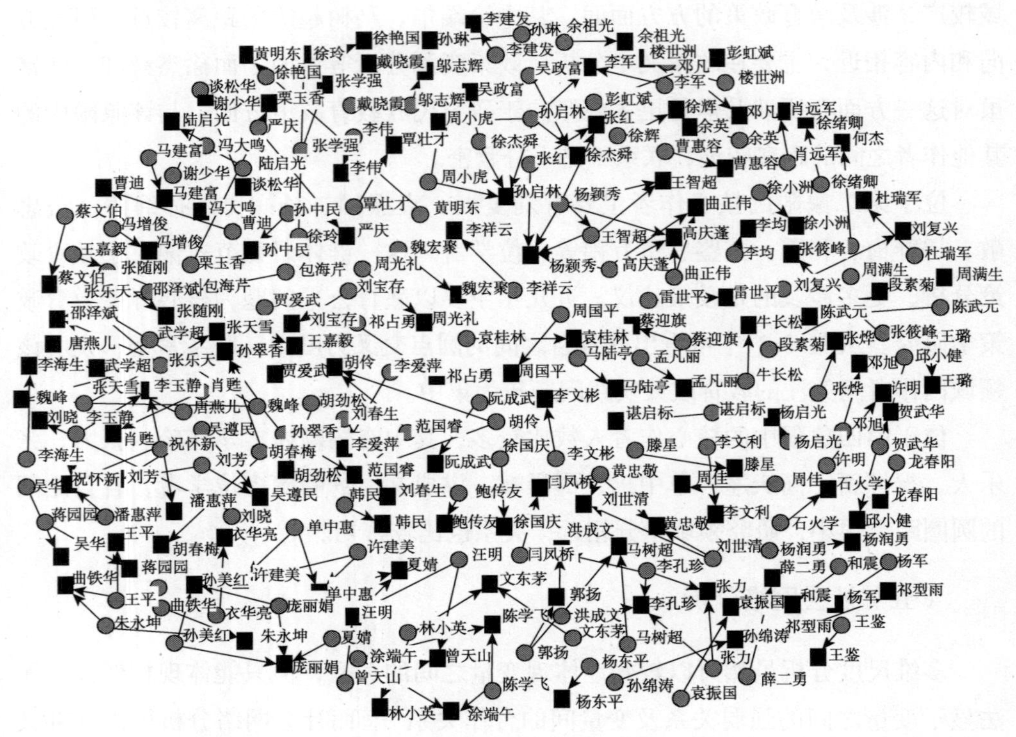

图 3-3　作者共被引网络 2-mode 图谱

图 3-3 中的方块表示作者，圆圈表示作者被引，箭头在其中起着连接作用。由图 3-3 可知，单作者被引的人数较多，零散地分布于图形的外围，而共被引作者的合作网络在作者总数中占比较少，主要形成了以杨颖秀、祝怀新、李孔珍、徐杰舜等小范围内的作者共被引合作网络。与杨颖秀这个中心节点相连的有四个节点，对应的作者分别是张红、王智超、高庆蓬、杨颖秀，其中由高庆蓬这个节点出发又与曲正伟建立了间接联系。与祝怀新这个中心节点相连的有三个节点，对应的作者分别是李玉静、潘慧萍和祝怀新。与李孔珍这个中心节点相连的同样也有三个节点，对应的作者分别是洪成文、张力、李孔珍，在这其中洪成文与张力之间也建立了作者共被引合作关系，形成了一个密切交织的合作网络。但比较

由各个中心节点出发的连线数来看（最多的连线数为四个），相比其他领域而言，中国教育政策学作者共被引合作关系并不理想，存在明显的合作不足。这在一定程度上也表明了教育政策学研究中，应加强共同研究领域内作者之间的合作关系。

利用 Ucinet 6.0 软件除了能够完成 2-mode 的作者共被引网络外，同样也可以将表 3-3 的原始矩阵数据导入，选 File—Open—Ucinet—Dataset—Network 命令，制作出 1-mode 的作者共被引网络，从而对作者共被引网络进行可视化，见图 3-4。从图 3-4 中可以直观地感受到 1-mode 的作者共被引合作网络相比 2-mode 而言更加清晰。

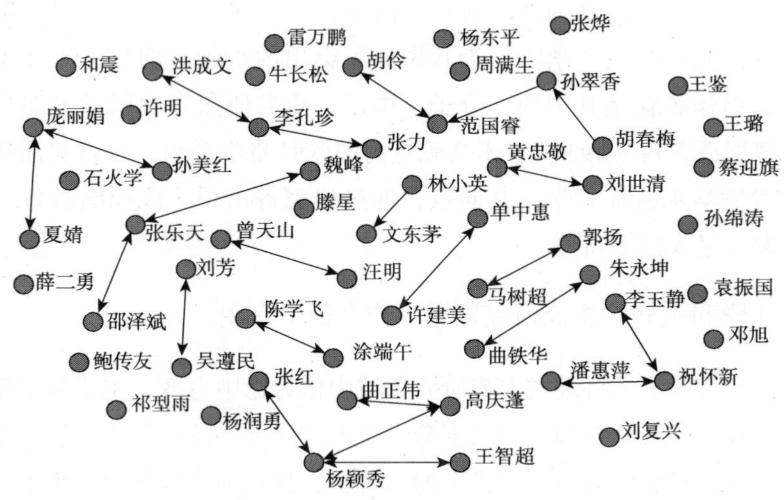

图 3-4　作者共被引网络 1-mode 图谱

在图 3-4 中每一个节点表示一个共被引作者的度中心性，与节点相连的线段越多代表与之有合作关系的共被引作者越多。由图 3-4 可知，和 2-mode 的分析结果相同，大多数作者依然是独立、零散地存在于图形中，不存在共被引的合作关系。除此之外，形成了以祝怀新、杨颖秀、张乐天、庞丽娟、李孔珍、范国睿和孙翠香为中心的作者共被引合作网络。具体的合作关系与 2-mode 的研究分析相同，不再赘述，但从图 3-4 中可明显看出网络间联系的紧密程度不够。由此也说明中国教育政策学作者共被引合作较少，加强中国教育政策学领域作者共被引的合作关系迫在眉睫。

三、研究结论与展望

教育政策学既具有教育学的学科特性，又具有政策学的学科特性，因而呈现出复杂、多样的学科结构。在学科结构内部，作为教育政策学的母体学科，教育学和政策学分别与教育政策学领域各个主流学术共同体、“学派”之间相互联系、相互渗透、相互交叉，形成了一个具有多元结构的、纵横交错的学科理论。该学科理论具有自己独特的研究对象、独特的研究方法和完整的知识体系，这些不仅是教育政策学学科独立的标志，还为我国教育政策学学科范式的形成奠定了基础。目前，我国教育政策学学科范式的发展经历了从依附到相对独立、从比较借鉴到自主创新、从单一研究到综合多元研究的过程，在此过程中，各个学术共同体或“学派”为其做出了突出的贡献。期刊、论文等文献中资料的共被引作者就是其中的一分子，本章的研究便是以中国学术期刊网络出版总库为数据源，对 5 893 篇学术文献进行科学计量学分析，重点关注高频共被引文献作者的学术特征和学术共同点，通过研究得出现阶段我国教育政策学学科范式的发展呈现以下特点。

（一）学科范式的主流研究领域中作者稳中有变

中国教育政策学学科范式主流研究领域中作者稳中有变，主要是基于该领域核心作者的被引频次分析和多维尺度分析得出的研究结论。其中“稳”主要是指中国教育政策学研究领域形成了稳定的作者群，从目前中国教育政策学主流研究领域中作者分布来看，刘复兴、涂端午、徐杰舜、吴政富、袁振国、杨润勇、孙绵涛、李孔珍、杨颖秀、单中惠、张力、劳凯声等为中国教育政策学的研究做出了突出的贡献，围绕他们形成了一个个小范围的研究团体。其中刘复兴来自北京师范大学，杨润勇来自中国教育科学研究院，杨颖秀来自东北师范大学，李孔珍来自首都师范大学，涂端午来自北京大学，徐杰舜来自广西民族大学。“变”主要是指围绕着该领域高被引的作者而新添的研究力量，为中国教育政策学的研究不断注入新鲜的血液，从而使研究队伍在保持持续发展变化的同时，形成本研究领域特有的学术梯队，以北京师范大学的刘复兴和中国教育科学研究院的杨润勇为核心的中国教育政策学研究队伍在近几年的变化中不断地有新成员的加入，如胡春梅、王璐、和震、庞丽娟、洪成文、张烨等，此外还有来自北京师范大学的薛二勇，北京大学的林小英，东北师范大学的曲铁华，陕西师范大学的祁占勇等形成中国教育政策学研究领域的新秀，对中国教育政策学的研究发挥着继承与创新的作用。

（二）学科范式中鲜明且稳定的学术流派尚未形成

从中国教育政策学作者共被引的社会网络分析来看，首先网络中作者间相互联系的程度远远不够，虽已形成了稳定的作者群，但就作者群内部成员的研究内容来看，彼此间并没有建立鲜明、稳定的学术流派，各个学术群体的研究更多的是围绕当下教育政策领域的热点问题，坚持以问题为导向，为中国教育政策的变革积极建言献策，研究方向的凝练程度远远不够。其次就教育政策相关问题的研究来看，对问题本身的解析深度也存在欠缺，导致教育政策研究领域的理论发展缓慢。具体到本章中，从中国教育政策的多维尺度分析中也可看出杨颖秀、李孔珍、张力、张乐天、祝怀新、高庆蓬、单中惠、邵泽斌、洪成文、魏峰等虽主要集中分布在第四象限内，但彼此之间的研究内容并不存在高度的耦合性。来自东北师范大学的杨颖秀主要关注的是教育改革、学校管理、教育质量、教育权与受教育权等方面的政策制定。来自首都师范大学的李孔珍围绕教育政策的研究集中关注了政策主体、政策执行过程、区域教育政策等。未来中国教育政策学学科范式的发展中，可能更多地需要关注和建立有持久影响力的学术流派，推动教育政策理论研究的深化。

（三）学科范式中缺少专注于此学科的学术共同体

目前，中国教育政策学领域作者共被引分析的结果表明：中国教育政策学虽然已经形成了较为稳定、具有较强影响力的学术群体，但是由于受学术制度和学科分类的影响，教育政策学很难摆脱其母体学科的影响，一方面从属于教育学，另一方面从属于政策学，这也就导致了在中国教育政策学学科队伍的研究人员构成中，大多是跨越多个研究领域、具有多重学术背景的研究人员，而缺少专门专注于教育政策学这个特有研究领域的专有研究人员。学科领域内专有研究人员的比例不仅决定了该学科的独立性、学科发展的质量与水平，还直接影响了该学科范式的形成与转型。中国教育政策学研究队伍中人员分布或构成的特点并不具备严格意义上一门学科其学科范式形成与发展的典型特征，因为在范式阶段，必然会涌现出一批具有共同的学科研究信念、方式和价值的学术共同体，就他们自身的研究背景而言，一般也要求具有较强的专业取向。所以未来中国教育政策学学科范式的发展或转型中应紧紧立足于该研究领域内专有研究人员的培养上，不断提高研究人员自身的学术研究水平和研究质量，形成该领域特有的学术研究共同体。

随着教育政策学在国家、社会经济发展中战略地位的不断提升，教育政策学研究者必然对该学科地位被承认的渴求更加紧迫，也会高度关注"教育政策学学科建设"和学科范式的形成与转型。本章运用作者共被引分析法，立足于实证研究的基础之上，梳理了1985—2015年与该学科相关的5 893篇文献并进行作者共被引分析。此方法的运用相比传统的文献研究法等定性的研究方法而言，加入了统计分析的成分，能够更加客观地展示中国教育政策学学科范式发展的典型特征。但此方法在本章的运用中也存在些许的局限性：首先，尽管本章已经尽量扩大与中国教育政策学相关的文献资料的搜寻范围，定位为1985—2015年的30年间，但毕竟是在特定的年份范围内来研究该领域学科范式的发展变化，这30年的文献资料并不能完全反映中国教育政策学学科范式的整体状况；其次，核心作者的确定是本章进行数据分析的基础，但就现阶段而言，做到完全按照客观的程序实现核心作者的筛选是不太可能的，其中一定程度上会有研究者个人的主观判断，这也会在有限的范围内影响到局部的分析结果；再次，本章中涉及的高频词共被引的作者只是在某些文献的发表中存在合作发表文献的情况，在实际的学术研究中是否形成一个真正的学术共同体，存在着密切的学术交流，还有待考量，因此并不一定代表真正的学术共同体；最后，就整个研究的数据而言，在处理和分析中很容易出现局部的偏差，这也与选择引文分析有很大的关系，相比词频分析而言，引文分析具有一定的滞后性，因此本章并不能保证做到完全的精确。

第四章
中国教育政策学研究前沿的知识图谱

随着多学科之间的融合发展，新兴的学科主题不断增多，这些主题就代表着“研究前沿”的涌现。“研究前沿”反映的是此学科及相关领域学科内最新研究成果的总体发展情况。通过问题体现前沿发展动态，代表了一个学科的发展趋势与方向，也是最有价值、最值得关注的问题，能够对某个学科或理论与实践产生重大影响的、正在讨论和研究的或者正在或即将发生的一些具有重大意义的问题。“研究前沿”这一概念最早是由普赖斯引入的，目的是用于描述某一学科研究领域的过渡本质。普赖斯发现引用次数越多的文献，在整个引文网络中越是发表时间早、有影响力的文献。

研究前沿通过分析研究者在学术研究中所体现的共性标准——学术文献相互引用而确定。学术文献的相互引用反映了科学发展的客观规律，体现了科学研究的累积性、连续性、交叉性、渗透性等特点。向前可以追踪源头、向后可以展望发展趋势。同时，可以帮助我们了解当前领域内的最新科研动态，通过若干问题组成的具有系统化体系的学科才具有“前沿”，这些“前沿”性问题的解决对一个学科的科学发展和繁荣具有决定性意义。

目前，教育政策学的发展正处于繁荣阶段，其是在吸收借鉴以公共政策学为主的多学科领域的基础上逐步发展起来的。经过 30 年的发展，我国教育政策学的发展取得了显著成绩，并且产生了一系列有影响力的文献，因此极有必要对教育政策学 30 年的发展做一个科学化的回顾与总结，并在此基础上展望研究的发展趋势。知识图谱通过科学的网络化分析，通过对学科领域内文献集合的文献共被引分析，科学、直观地呈现教育政策学的研究前沿演进历史和一系列经典文献。

因此，基于文献共被引形成的参考文献集合所体现的一个学科领域内的研究动态发展状况就称为研究前沿。通过文献共被引分析法来研究1985—2015年的中国教育政策学的研究前沿，并对其进行解释、归纳、比较和总结，从而探索中国教育政策学关注的前沿问题所在。本章主要从文献共被引网络节点可视图的各个指标入手，通过描述、分析、归纳并总结，揭示1985—2015年中国教育政策学的研究前沿所在。

一、数据选择与研究方法

为了较全面地反映1985—2015年我国教育政策学的研究前沿，笔者从中国学术期刊网络出版总库下载了1985—2015年的5 893篇相关文献作为分析的数据来源，按照软件所识别的格式（美国科学情报研究所数据库中文文献的文本格式），对5 893篇文献相关数据信息以手工方式逐条进行标准格式处理（包括来源篇名、来源作者、文献类型、期刊、第一机构、年代卷期、关键词和参考文献等信息，其中对人名、文献等做统一处理，如“罗尔斯”统一为“约翰·罗尔斯”等），将其保存为txt文本格式，命名为“download-”开头的形式，并另存为“UTF-8”编码格式。

运用CSSCIREC数据转换器对之前的txt文本进行数据转换，具体步骤：第一，建立以“input”命名的文件夹，并将文本文档放进去；第二，建立以“output”命名的文件夹；第三，运用CSSCIREC数据转换器进行数据转换，将“input”与“output”文件夹分别放在相对应的“Input Directory”和“Output Directory”的选项框内，单击“Format Conversion”。此时，当页面出现“Finished”时代表数据转换完成。

利用CiteSpace Ⅲ软件进行文献共被引分析，将转换的数据放在以“data”命名的新建文件夹下，再新建以“Project”命名的文件夹，储存文献共被引分析后的参数结果与信息等，所有设置在CiteSpace Ⅲ软件主界面进行操作，具体操作步骤：第一，建立新项目，单击“New”，编辑项目名称“Title”（“jyzc”），将“Data”和“Project”文件夹分别放在相对应的“Data Directory”和“Project Home”的选项框内，“Language”选择“Chinese”，其他参数不变，单击“Save”；第二，在主界面右边页面，将“Time Slicing”设置为“From 1985 To 2015”，“Years Per Slice”设置为“1”；在“Term Source”中选中“Title”“Abstract”“Author Keywords（DE）”“Keywords Plus（ID）”选项；在“Note Types”中选中“Cited Reference”选项；在“Pruning”中选中“Minimum Spanning Tree”“Pruning Sliced networks”选项；在“Visualization”中选中“Cluster View-Static”“Show Merged Network”选项；第三，单击“go”按钮即可开始对文献共被引的数据进行计算；第四，当网络计算运行结束后，会出现“Your options”对话框，如果一切运行正常，单击“Visualize”进入可视化界面。通过对可视化图的进一步编辑（节点大小、标签大小等）和美化，得到文献共被引的网络可视图（图 4-1），运行时间大约为 32 秒；第五，启动时区视角功能（time view），得到教育政策随时间演进的可视化图谱（图 4-2）。

图 4-1　1985—2015 年中国教育政策学文献共被引整体融合网络

运用科学计量学方法，研究对象是一切与所收集的文献有关的信息，如文献名称、作者、出版年份、出版地、引文、关键词及作者所属机构、地区和国家等。笔者通过科学计量学和可视化方法绘制中国 30 年教育政策学研究前沿的知识图谱，采用科技文献共被引分析法，通过深入分析文献之间相互引用的深层关系，

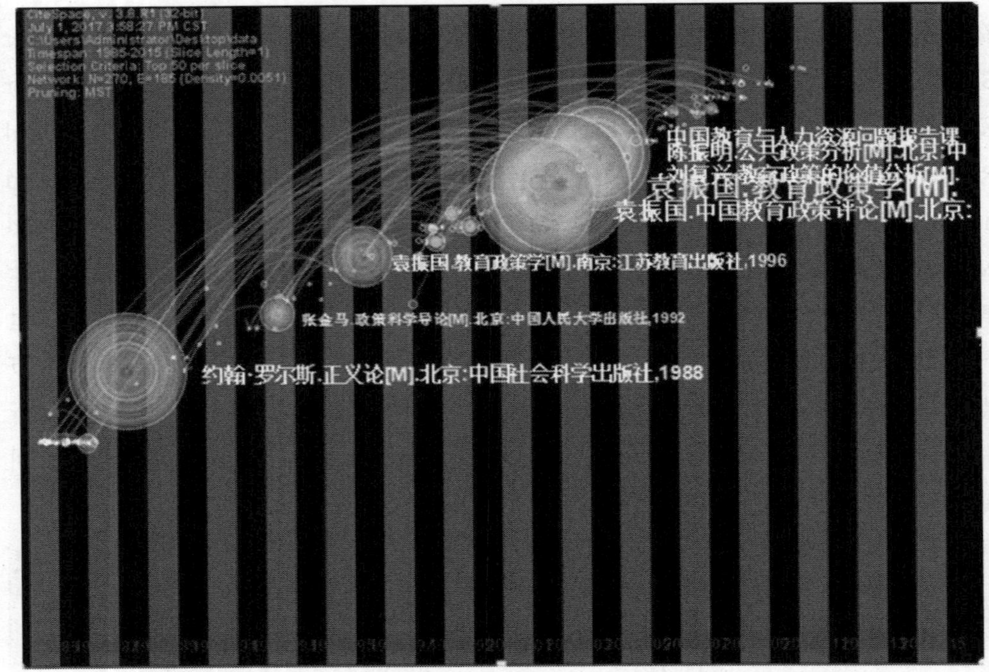

图 4-2　1985—2015 年中国教育政策文献共被引时区视角演进图谱

将学科特点和学科结构及反映科学研究焦点的领域和发展态势等揭示出来①。通过定量分析为主、定量与定性相结合的方法，挖掘 5 893 篇主要被引文献的关系，科学、直观地认识教育政策学研究前沿问题和教育政策研究领域内经典基础文献，并对这些文献进行文献分析，深入挖掘研究前沿的内涵。

若两篇文献共同出现在了第三篇施引文献的参考目录中，则这两篇文献形成共被引关系。对一个文献空间数据集合进行文献共被引关系的挖掘是文献的共被引分析②。共被引分析是 CiteSpace 最独特的亮点功能，当一对文献共被引的次数越多或者频率越高时，它们之间的关系越密切，在图中的距离也越近。而通过观察分析距离及中心值等指标，则可以分析一段时间内的研究前沿。具体来说，图中每一个节点代表一篇文献，节点的大小代表此篇文献被引用的次数或者频次的大小，所以节点越大，表明此篇文献被引用的次数也越多。此外，节点间的连线代表着文献之间的相互引用，而连线粗细也反映了相互引用的次数

① 蒋菲. 21 世纪中国课程与教学论的知识图谱研究[M]. 武汉：华中师范大学出版社，2015：76.

② 李杰，陈超美. CiteSpace：科技文本挖掘及可视化[M]. 北京：首都经济贸易大学出版社，2016：143.

多少①。

从 CiteSpace Ⅲ软件导出数据，选择共被引频次在 10 次以上的文献形成表 4-1，表 4-1 呈现了 1985—2015 年中国教育政策学研究前沿和受高度关注的被引用文献、相应作者、年份及中心度等信息。涉及的主要学者有袁振国、约翰·罗尔斯、刘复兴、中国教育与人力资源问题报告课题组、陈振明等。

表 4-1　1985—2015 年中国教育政策学高被引文献的排序

频次	突发率	中心度	作者	年份
181		0.01	袁振国. 中国教育政策评论（2001）[M]. 北京：教育科学出版社	2001
180		0.05	袁振国. 教育政策学[M]. 南京：江苏教育出版社	2001
139		0.01	中国教育与人力资源问题报告课题组. 从人口大国迈向人力资源强国：中国教育与人力资源问题报告[M]. 北京：高等教育出版社	2003
138		0.06	约翰·罗尔斯. 正义论[M]. 何怀宏，何包钢，廖申白译. 北京：中国社会科学出版社	1988
131		0.04	陈振明. 公共政策分析[M]. 北京：中国人民大学出版社	2002
106		0.05	袁振国. 教育政策学[M]. 南京：江苏教育出版社	1996
97	10.06	0.12	刘复兴. 教育政策的价值分析[M]. 北京：教育科学出版社	2003
94		0.02	弗兰斯·F. 范富格特. 国际高等教育政策比较研究[M]. 王承绪等译. 杭州：浙江教育出版社	2001
84		0.03	刘复兴. 教育政策的四重视角[J]. 清华大学教育研究	2002
79		0.05	张金马. 政策科学导论[M]. 北京：中国人民大学出版社	1992
74		0.02	孙绵涛. 教育政策论：具有中国特色的社会主义教育政策研究[M]. 武汉：华中师范大学出版社	2002
72		0.01	劳凯声. 变革社会中的教育权与受教育权：教育法学基本问题研究[M]. 北京：教育科学出版社	2003
70		0	袁振国. 教育新理念[M]. 北京：教育科学出版社	2002
70		0	张乐天. 教育政策法规的理论与实践[M]. 上海：华东师范大学出版社	2002
69		0	袁振国. 政策型研究者和研究型决策者[J]. 教育研究	2002
69		0	袁振国. 教育政策学[M]. 南京：江苏教育出版社	1998
69		0	孙绵涛. 关于国家教育政策体系的探讨[J]. 教育研究	2001
67		0	范先佐. 教育经济学[M]. 北京：人民教育出版社	1999
66		0.01	李江源. 教育政策失真的因素分析[J]. 教育理论与实践	2001
66		0.01	胡卫. 民办教育的发展与规范[M]. 北京：教育科学出版社	2000

① 蒋菲. 21 世纪中国课程与教学论的知识图谱研究[M]. 武汉：华中师范大学出版社，2015：92.

续表

频次	突发率	中心度	作者	年份
65		0	联合国教科文组织国际教育发展委员会·学会生存：教育世界的今天与明天[M]. 北京：教育科学出版社	1996
65		0.01	陈立鹏. 中国少数民族教育立法论[M]. 北京：中央民族大学出版社	1998
65		0	靳希斌. 教育经济学[M]. 北京：人民教育出版社	1997
64		0.01	沈承刚. 政策学[M]. 北京：北京经济学院出版社	1996
64		0	厉以宁. 关于教育产品的性质和对教育的经营[J]. 教育发展研究	1999
63		0	罗杰·L. 盖格. 私立高等教育与公共政策：私立高等教育在经济现代化过程中的角色[J]. 刘红燕译. 北京大学教育评论	2003
63		0	丁兴富. 远程教育学[M]. 北京：北京师范大学出版社	2001
62		0	E. S. 萨瓦斯. 民营化与公私部门的伙伴关系[M]. 周志忍等译. 北京：中国人民大学出版社	2002
62		0	刘汉屏. 论公共财政下的教育产业问题[J]. 财贸经济	2001
54		0.02	刘复兴. 教育政策价值分析的三维模式[J]. 教育研究	2002
43		0.02	张金马. 公共政策分析：概念·过程·方法[M]. 北京：人民出版社	2004
42		0.01	刘复兴. 公共教育权力的变迁与教育政策的有效性[J]. 教育研究	2003
38		0.02	刘英杰. 中国教育大事典（1949—1990）[M]. 杭州：浙江教育出版社	1993
38		0.01	胡宁生. 现代公共政策研究[M]. 北京：中国社会科学出版社	2000
36		0	邓小平. 邓小平文选（第二卷）[M]. 北京：人民出版社	1993
36		0	苏明. 中国农村基础教育的财政支持政策研究[J]. 经济研究参考	2002
36		0	康宁. 试论素质教育的政策导向[J]. 教育研究	1999
36		0	桑玉成，刘百鸣. 公共政策学导论[M]. 上海：复旦大学出版社	1991
35		0	教育部民族教育司. 蓬勃发展的中国少数民族教育——纪念党的十一届三中全会召开二十周年[J]. 中国民族教育	1998
35		0	史柏年. 城市流动儿童少年就学问题政策分析[J]. 中国青年社会科学	2002
34		0	吕达，周满生. 当代外国教育改革著名文献（美国卷）[M]. 北京：人民教育出版社	2004
34		0.01	吴忠魁. 私立学校比较研究——与国家关系角度的分析[M].北京：北京师范大学出版社	1999
34		0	何致瑜，冯雪飞，王志平，等. 国际教育政策发展报告 2004[M]. 天津：天津人民出版社	2004
34		0	刘晖. 从《罗宾斯报告》到《迪尔英报告》——英国高等教育的发展路径战略及其启示[J]. 比较教育研究	2001
34		0.01	李健. 中日私立高等教育相关政策的比较研究[J]. 现代大学教育	2003

续表

频次	突发率	中心度	作者	年份
34		0	杨东平. 教育公平的理论和在我国的实践[J]. 东方文化	2000
33		0	OECD. Education Policy Analysis[M]. Paris：OECD	2002
33		0	D. B. 约翰斯通. 高等教育财政：问题与出路[M]. 沈红，李红桃译. 北京：人民教育出版社	2004
33		0	贺国庆. 外国高等教育史[M]. 北京：人民教育出版社	2003
33		0	康宁. 论教育决策与制度创新——以'99 高校扩招政策为案例的研究[J]. 高等教育研究	2000
33		0.02	王世忠. 关于教育政策执行的涵义、特征及其功能的探讨[J]. 湖北第二师范学院学报	2001
33		0	周满生. 国际教育服务贸易的新趋向及对策思考[J]. 教育研究	2003
33		0	马丁・特罗. 从精英向大众高等教育转变中的问题[M]. 外国高等教育资料	1999
33		0	苏真. 比较师范教育[M]. 北京：北京师范大学出版社	1991
32		0	吴遵民. 推动终身教育理论发展的若干重要国际会议[J]. 成人高等教育研究	1998
32		0	周南京. 华侨华人百科全书・教育科技卷[M]. 北京：中国华侨出版社	1999
32		0	斯蒂芬・鲍尔. 政治与教育政策制定——政策社会学探索[M]. 王玉秋，孙益译. 上海：华东师范大学出版社	2003
32		0	马培芳. 教育特区：西部地区教育发展的战略选择[J]. 教育研究	1999
32		0	储召生. 民办教育有了法律靠山——《民办教育促进法》出台记[N]. 中国教育报	2002
32		0	刘宇飞. 当代西方财政学[M]. 北京：北京大学出版社	2000
32		0	盛洪. 为什么制度重要[M]. 郑州：郑州大学出版社	2004
32		0	刘芳，雷鸣强. 教育凭证制度在我国的预演——长兴县发放教育券的制度经济学分析[J]. 全球教育展望	2003
32		0	国家教育发展研究中心. 2001 年中国教育绿皮书——中国教育政策年度分析报告[J]. 教育参考资料	2001
32		0	国家教育发展与政策研究中心. 发达国家教育改革的动向和趋势[M]. 北京：人民教育出版社	1987
31		0.01	《中国教育年鉴》编辑部. 中国教育年鉴（1994）[M]. 北京：人民教育出版社	1995
31		0	祁占勇，于海燕. 我国职业教育政策研究现状分析——以 1985—2012 年职业教育政策研究论文为依据[J]. 职教论坛	2013
31		0	胡建华. 思想的力量：影响 19 世纪初期德国大学改革的大学理念[J]. 清华大学教育研究	2004
31		0	Kogan M，Hanney S. Reforming Higher Education[M]. London：Jessica Kingsley Publishers	2000
31		0	Shen J P. Structure of the theoretical concept of educational goals：a test of factorial validity[J]. Journal of Experimental Education	1997

续表

频次	突发率	中心度	作者	年份
31		0	《人民教育》编辑部，《中国高等教育》编辑部.《教师法》学习手册[M]. 北京：红旗出版社	1993
31		0	Burroughs R. Composing standards and composing teachers：the problem of national board certification[J]. Journal of Teacher Education	2001
31		0	陈永明. 国际师范教育改革比较研究[M]. 北京：人民教育出版社	1999
31		0	刘尚德，唐少罕，王才用. 高等教育办学体制改革探讨[J]. 机械工业高教研究	2002
31		0.01	《中国教育年鉴》编辑部.中国教育年鉴（2001）[M]. 北京：人民教育出版社	2001
31		0	Neave G. The evaluative state reconsidered[J]. European Journal of Education	1998
31		0	乔治·弗雷德里克森. 公共行政的精神[M]. 张成福等译. 北京：中国人民大学出版社	2003
31		0	王海明. 伦理学原理[M]. 北京：北京大学出版社	2001
31		0	《中国教育年鉴》编辑部. 中国教育年鉴（1985—1986）[M]. 长沙：湖南教育出版社	1988
31		0.02	王善迈. 教育投入与产出研究[M]. 石家庄：河北教育出版社	1996
31		0	万秀兰. 美国社区学院的改革与发展[M]. 北京：人民教育出版社	2003
31		0	Shinichi Y. Japan’s Experience of Higher Education Policy[M]. RIHE International Publication Series	2002
31		0	中共中央文献研究室，国家民族事务委员会. 新时期民族工作文献选编[M]. 北京：中央文献出版社	1990
31		0	亨利·莱文. 高科技、效益、筹资与改革[M]. 曾满超等译. 北京：人民日报出版社	1995
31		0	游启亨. 近代台湾史要览[M]. 台南：台南人光出版社	2001
31		0	毛澹然. 美国社区学院[M]. 北京：高等教育出版社	1989
31		0	《中国教育年鉴》编辑部. 中国教育年鉴（1988）[M]. 北京：人民教育出版社	1989
31		0	约翰·S. 布鲁贝克. 高等教育哲学[M]. 王承绪等译. 杭州：浙江教育出版社	2001
25	5.84	0.01	孙绵涛. 教育政策学[M]. 武汉：武汉工业大学出版社	1997
24	6.24	0	胡文仲. 我国外语教育规划的得与失[J]. 外语教学与研究	2001
22	4.1	0.03	何东昌. 中华人民共和国重要教育文献[M]. 海口：海南出版社	1998
22		0	张国庆. 现代公共政策导论[M]. 北京：北京大学出版社	1997
19	9.62	0.01	陈振明. 政策科学：公共政策分析导论[M]. 北京：中国人民大学出版社	1998
15	3.9	0	杨东平. 中国教育公平的理想与现实[M]. 北京：北京大学出版社	2006

续表

频次	突发率	中心度	作者	年份
14	6.24	0	祁型雨. 利益表达与整合——教育政策的决策模式研究[M].北京：人民出版社	2006
14	5.81	0	陈振明. 政策科学[M]. 北京：中国人民大学出版社	2003
11	3.79	0.01	张社字. 我国职业教育政策的效度分析[J]. 教育与职业	2006

二、研究前沿的知识图谱分析

图4-2是1985—2015年30年间中国教育政策学研究前沿的文献共被引随时区视角演进知识图谱，由图 4-2 可以直观得到各个时段内反映出的研究前沿，具体显示为所引用的文献，还可以看到前沿依次变换演进的引文网络路径趋势。图4-2反映了1985—2015年30年间中国教育政策学研究前沿和受高度关注的被引用文献和对应作者。涉及的学者主要有袁振国、约翰·罗尔斯、刘复兴、中国教育与人力资源问题报告课题组、陈振明、张金马等。经统计，有 269 篇频次为 1 次以上的文献，涉及教育政策问题界定、教育政策价值分析、教育政策过程、教育政策评价、教育政策执行及发展中存在的问题等多方面。

中心度排在第一位的关键节点文献是刘复兴的《教育政策的价值分析》。其运用经济学、社会学等多学科的理论和方法，从教育政策的价值系统和价值分析两个角度出发，系统讨论教育政策价值分析的含义、地位和研究方法，全面分析了教育政策价值问题的本质、教育政策价值目标的指标体系及其建立的方法，并结合个案分析和问题研究阐述了教育政策过程价值关系与政策问题、高校扩招政策的价值分析、我国教师教育政策选择、权力转移背景中教育政策的价值有效性分析等，初步构建起一个教育政策价值分析的理论平台，论证了教育改革背景中我国教育政策的价值基础，这是目前教育政策价值分析主要探讨的问题。这些研究问题和内容在教育政策研究领域都具有创新性和前沿性，是我国教育政策研究领域的新发展。

中心度排在第二位的关键节点文献是约翰·罗尔斯的《正义论》。从正义的基本理论、主要概念、核心范畴以及正义原则如何运用于社会制度等出发，探讨了自由、宪法、多数原则、政治义务、非暴力反抗等重大政治体制问题；理性、价值、目的、善等伦理价值问题，特别是社会稳定性的伦理基础对于社会公平的意义不言而喻。对于教育政策的贡献而言，教育公平是社会公平的构成部分，解决与发展教育公平问题对于和谐社会主义的构建具有关键性作用，为研究各类教育政策的公平问题提供了参考准则，对于我国教育公平问题研究发展具有极大的指导意义。

中心度排在第三位的关键节点文献有袁振国的《教育政策学》、张金马的《政策科学导论》。教育政策学对于教育政策整个领域有着基础性作用，教育政策学的问题认定、制定、执行评价和政策分析及教育政策和教育研究的相关内容与关系都是政策学的基本内容，而对公共政策、政策科学的基本框架、政策研究的组织、政策模型及分类与作用、政策过程、政策规划、政策合法化、政策评估、政策终结、政策分析的几种方法的深入研究，不仅为教育政策学这门科学提供了研究框架与基本内容，还为教育政策学科建构奠定了研究基础。

中心度排在第四位的关键节点文献是陈振明的《公共政策分析》。其立足于中国国情，紧密结合我国当前的政策发展实际，以政策系统、过程及实践为研究对象展开论述，总结当今我国政策发展中的实践经验，同时注重引进国外政策的先进研究成果，紧跟西方的最新政策研究趋势，能够为我国政策发展提供经验借鉴。同样对于教育政策的发展更是如此，通过理解教育政策的前因后果，采取正确的教育决策，保障政策决策的科学性，促进教育事业的科学发展。

中心度排在第五位的关键节点文献有刘复兴2002年在《清华大学教育研究》上发表的《教育政策的四重视角》与何东昌主编的《中华人民共和国重要教育文献》。认识教育政策的本质含义对教育政策分析具有决定性意义。在现象形态上，教育政策是教育领域政治措施组成的政策文本及其总和；在本体形态上，是关于教育利益的分配；在过程方面，是一个动态的主动选择的过程；在特殊性质方面，在活动过程和利益分配方面不同于公共政策；在尊重人的主体性和选择能动性上，教育政策与其他公共政策相比具有更为独特的意义①。与此同时，通过对史料文献的阅读能够了解我国教育政策发展的历史演进。为今后能够正确地摆正教育的位置，科学进行教育决策，《中华人民共和国重要教育文献》列举了从

① 刘复兴. 教育政策的四重视角[J]. 清华大学教育研究，2002，（4）：13-19.

中华人民共和国成立以来我国教育的发展历程中对教育产生重大影响的决策动态，从而可以窥探教育政策的不足与问题，对完善教育政策理论研究具有重要的历史指导作用。

中心度排在第六位的关键节点文献有弗兰斯·F. 范富格特的《国际高等教育政策比较研究》、袁振国的《中国教育政策评论（2001）》、孙绵涛的《教育政策论——具有中国特色的社会主义教育政策研究》、刘复兴 2002 年在《教育研究》上发表的《教育政策价值分析的三维模式》、张金马的《公共政策分析：概念·过程·方法》、刘英杰的《中国教育大事典（1949—1990）》、王世忠 2001 年在《湖北第二师范学院学报》上发表的《关于教育政策执行的涵义、特征及其功能的探讨》及王善迈的《教育投入与产出研究》。这些文献通过比较研究各国教育政策论述当前国际高等教育政策的趋势和存在问题；结合创新人才成长的相关理论与实践问题，分析了国外创新人才培养的相关政策和成功经验，对我国创新人才培养的教育政策发展方法做了深刻探讨；从中国国情出发思考探索中国教育政策的发展问题，遵循“实事求是”的原则，平衡好“吃饭”、建设和教育的关系等；在教育政策分析中从教育政策实质价值、程序价值两种视角，并通过经验研究、规范研究和超伦理研究三种方法研究教育政策的价值关系和价值问题；在对我国现行教育政策执行的宏观、微观运行机制进行研究的基础上，深入论述其含义、特性和功能，如教育政策执行具有影响广泛性、执行同步性、阶段性等，是完善丰富教育政策和制定后继政策的重要理论与实践依据①；通过讨论教育与经济发展的关系，明确教育资源的投入，如教育经费的来源、总量及其在三级教育中的分配与使用等，为教育政策的制定提供经济学依据。

中心度排在第七位的关键节点文献有中国教育与人力资源问题报告课题组的《从人口大国迈向人力资源强国：中国教育与人力资源问题报告》、劳凯声的《变革社会中的教育权与受教育权：教育法学基本问题研究》、李江源 2001 年在《教育理论与实践》上发表的《教育政策失真的因素分析》、胡卫的《民办教育的发展与规范》、陈立鹏的《中国少数民族教育立法论》、沈承刚的《政策学》、刘复兴 2003 年在《教育研究》上发表的《公共教育权力的变迁与教育政策的有效性》、胡宁生的《现代公共政策研究》、吴忠魁的《私立学校比较研究—

① 刘复兴. 教育政策价值分析的三维模式[J]. 教育研究，2002，（4）：15-19，73.

—与国家关系角度的分析》、李健2003年在《现代大学教育》上发表的《中日私立高等教育相关政策的比较研究》、《中国教育年鉴》编辑部的《中国教育年鉴（1994）》和《中国教育年鉴（2001）》、孙绵涛的《教育政策学》、陈振明的《政策科学：公共政策分析导论》张社字2006年在《教育与职业》上发表的《我国职业教育政策的效度分析》。我国教育与人力资源开发面临前所未有的机遇和挑战，大幅提升综合国力和国际竞争力需要强大的人力资源，教育政策支持不可或缺，《人口大国迈向人力资源强国：中国教育人力资源问题报告》提出有关推进教育与人力资源开发制度创新的一系列举措，如成立国家和省级教育与人力资源开发决策审议机构，实现九年义务教育全免费制度，加快办学形式的多样化探索，建立和完善以能力为本的就业培训制度，以教育信息化推动教育与人力资源开发跨越式的发展，积极探索创建学习型社会的有效形式，构建国家教育与人力资源发展指标体系平台等，这些举措无疑对教育决策有重要指导作用。劳凯声以当代中国社会转型和教育变革为背景，从理论和制度两方面讨论我国教育法制建设当中最突出的基本问题。其中分析了教育领域中的举办者、办学者和管理者之间，政治的力量、市场的力量和学术的力量之间关系的变迁及对教育权与受教育权的影响，进而产生了许多新的教育法律问题，如国家与教育的关系及其法律调整形式、公民受教育权利及其司法化、社会教育权及其在当前社会变迁过程中的发展趋势、政府与学校的法律关系、教育的公益性及学校领域中的许多相关法律问题等。劳凯声试图构建当代教育法学的基本原理框架及法律调控机制，为教育政策提供法律依据。但教育政策在从制定到评估的全过程中，不可避免地会产生“失真”现象，分析产生因素，如教育信息的“扭曲”和“失真”、构思教育政策的知识工具的欠缺、不确定性和外部性影响、意识形态的时滞和刚性、强势利益集团的主导作用①，并且找到解决路径是完善我国教育政策必须解决的一个难题。目前民办教育的发展问题也受到很大关注，主要体现在“民办教育现状”“民办教育的研究问题”“办学主体多元化”“校本管理”“教学改革”“教师队伍建设”“办学水平评价”等几方面，通过对这些问题的深入研究为民办教育工作者和研究者提供法律指南与政策指导。少数民族地区教育的发展一直以来极受关注，我国已采取多种政策推进少数民族地区的教育事业发展，因

① 李江源. 教育政策失真的因素分析[J]. 教育理论与实践，2001，（11）：16-23.

此论述民族教育立法的基本理论时，不仅要系统全面地阐述民族教育立法的概念、依据、指导思想、基本原则、内容、程序及立法预测与立法规划等，还要深刻阐述中央少数民族教育立法与地方少数民族教育立法的关系，构建我国少数民族教育法规体系总体框架①。在不断变革的社会中，公共教育权力一直发生着变迁，并产生新的教育社会关系和教育问题，如政府选择与非政府选择、公益与私益、公平与效率、解制与规制几者之间的关系等，从而对教育政策的有效性提出了挑战。目前的教育政策要有效调整新的教育社会关系，有效解决新的教育问题，必须改革教育政策活动范式，做出相应的、有创新的制度安排②。同样地，通过国际角度比较各国私立学校的相关政策也是完善我国民办教育研究领域的可选择思路，尤其是在国家的教育行政管理与私立学校的自主管理上，通过探讨其体制特点、设置管理、自主经营、师资管理等问题，为我国民办教育政策的发展提供有益借鉴。与其他类型的教育政策相比，职业教育政策研究存在着文本繁荣但实践领域消沉的现象。在国家大力倡导发展职业教育的形势下，职业教育存在的不少问题依然难以解决，其根源在于职业教育政策的效度不高。主要有三个因素：职业教育政策制定中决策主体的价值冲突、职业教育政策的执行效力不高、职业教育共同体关系的疏离③。政策对策研究显得尤为重要，如探索强化实践基础提升职业教育政策的科学水平、加强评估监测等确保职业教育政策的执行效力路径研究。

三、渐弱型研究前沿、渐强型研究前沿与最新型研究前沿分析

“突变率”是判断突变词语的标准，将出现频次激增的词语确定为研究的前沿词语，通过从文献中提取关键词，利用“Find Burst Phrases”算法功能，跟踪分析这些词语在不同时区内出现的频率的变化，找到激增的词语，将这些词语确定为该研究领域内的研究前沿词语。本书的关键词突变率即该词在研究文献中出现次数的变化率。

① 霍文达. 评《中国少数民族教育立法论》[J]. 民族教育研究，2000，（1）：94.

② 刘复兴. 公共教育权力的变迁与教育政策的有效性[J]. 教育研究，2003，（2）：10-14.

③ 张社字. 我国职业教育政策的效度分析[J]. 教育与职业，2006，（32）：5-6.

（一）数据处理

利用CiteSpace Ⅲ软件进行文献共被引分析，将转换的数据放在以“data”命名的新建文件夹下，再新建以“Project”命名的文件夹，用以储存关键词分析后的参数结果与信息等，所有设置在 CiteSpace Ⅲ软件主界面进行操作，具体操作步骤：第一，建立新项目，单击“New”，编辑项目名称“Title”（“jyzcgjc”），将“data”和“Project”文件夹分别放在相对应的“Data Directory”和“Project Home”的选项框内，“Language”选择“Chinese”，其他参数不变，单击“Save”；第二，在主界面右边页面，将“Time Slicing”设置为“From 1985 To 2015”，“Years Per Slice”设置为“1”；在“Term Source”中选中“Title”“Abstract”“Author Keywords（DE）”“Keywords Plus（ID）”选项；在“Note Types”中选中“Keywords”选项；在“Pruning”中选中“Minimum Spanning Tree”“Pruning Sliced networks”选项；在“Visualization”中选中“Cluster View-Static”“Show Merged Network”选项；第三，单击“go”按钮即可开始对共被引文献的数据进行计算；第四，当网络计算运行结束后，会出现“Your options”对话框，如果一切运行正常，单击“Visualize”进入可视化界面，得到关键词的网络可视图；第五，通过“view”中“Citation Burst History”功能，选择“References”，将数字设定为“20”，得到检测突发性词语的列表图（图 4-3）；第六，在可视化网络图中选中目标节点（突变词语），右击选择“Citation History”，得到某个词语的年度分布及突发性出现的年份。

（二）数据分析

由表 4-2 关键词的突变率可以看出，在这 30 年突变率较高的关键词共有 20 个，分别为“义务教育”“教育公平”“教师教育”“政策执行”“价值取向”“语言教育政策”“美国教育”“均衡发展”“教育研究”“农村职业教育”“学前教育”“现代化建设”“外语教育政策”“两免一补”“校企合作”“师范生免费教育”“农民工子女”“教育结构”“政策制定”“学费政策”。突变率越高说明其在文献中出现的频次变化幅度也越大，其中“教育公平”突变率最大，“教育研究”突变率最小。

关键词	年份	突变率	开始	结束	1985—2015
教育公平	1985	34.467 8	2007	2015	
师范生免费教育	1985	26.252 2	2007	2012	
外语教育政策	1985	19.359 9	2010	2015	
学前教育	1985	17.209 6	2010	2015	
义务教育	1985	13.961 8	2008	2013	
美国教育	1985	13.256 5	2011	2015	
语言教育政策	1985	11.828 6	2012	2015	
政策执行	1985	8.755 9	2008	2015	
教师教育	1985	6.894	2012	2015	
价值取向	1985	6.752 9	2008	2015	
校企合作	1985	6.450 2	2011	2015	
两免一补	1985	6.445 6	2007	2011	
政策制定	1985	6.033	2009	2012	
农村职业教育	1985	6.014 4	2008	2013	
农民工子女	1985	5.879 6	2006	2015	
教育结构	1985	5.669 6	1994	2001	
学费政策	1985	5.314	2007	2009	
均衡发展	1985	5.272 4	2013	2015	
现代化建设	1985	5.133 2	1991	1999	
教育研究	1985	5.124 6	2006	2007	

图 4-3　1985—2015 年中国教育政策研究 20 个高突变率关键词的时间阶段图

表 4-2　1985—2015 年中国教育政策研究文献关键词的突变率

序号	关键词	突变率
1	义务教育	13.96
2	教育公平	34.47
3	教师教育	6.89
4	政策执行	8.76
5	价值取向	6.75
6	语言教育政策	11.83
7	美国教育	13.26
8	均衡发展	5.27
9	教育研究	5.12
10	农村职业教育	6.01
11	学前教育	17.21
12	现代化建设	5.13
13	外语教育政策	19.36
14	两免一补	6.45
15	校企合作	6.45

续表

序号	关键词	突变率
16	师范生免费教育	26.25
17	农民工子女	5.88
18	教育结构	5.67
19	政策制定	6.03
20	学费政策	5.31

从图 4-3 可以看出，图中深色的时段为关键词突变的时段，如“教育公平”在 2007—2015 年的频次变化较大，其突变率也较高；“现代化建设”在 1991—1999 年的频次变化较大；“农村职业教育”在 2008—2013 年的频次变化较大。

根据 20 个高突变率关键词的历史曲线和时间阶段图，可以将研究前沿分为三种不同的类型，分别为“渐强型研究前沿”、“渐弱型研究前沿”和“最新型研究前沿”。在上述已有分析的基础上，通过绘制出 1985—2015 年中国教育政策学研究 20 个高突变率关键词的历史曲线进一步分析此研究领域内的研究前沿问题。

（三）研究前沿具体分析

1. 渐强型研究前沿分析

“渐强型研究前沿”指突变率关键词的频次从整体上随年份的演进呈上升趋势所反映的研究主题，主要包括“美国教育”“教师教育”“教育公平”“师范生免费教育”“义务教育”5 个关键词。

第一个突变词语为“美国教育”，突变率为 13.26。从图 4-4 可以看出，2011 年关键词“美国教育”开始突现，频次达到 11，其中频次最高的为 2014 年，频次达到 17。从 2004 年开始，关于“美国教育”的文献的研究总体呈现上升的趋势，属于“渐强型”研究主题。2013 年之前研究主要侧重于通过美国各种法律政策等研究美国教育，如徐玲、银杉对美国布朗法案及初等和中等教育法、《不让一个孩子落后》等法案进行分析，讨论了其对美国教育政策的变迁起到的作用，强调了教育过程的公平问题①。2014 年与 2015 年研究主要基于

① 徐玲，银杉. 从起点公平到结果公平——美国弱势群体学生教育政策变迁的研究进展[J]. 教育学术月刊，2013，（1）：40-44.

经济背景分析教育政策的变迁与重点介绍美国高等教育和财政政策等，如戴谓真、王伟宜针对第二次世界大战后美国高等教育联邦资助政策的变化发展，分析了各时期资助政策所起的作用及这些政策对低收入家庭学生高等教育入学机会的影响，探讨未来联邦资助政策的走向[①]；陈勇通过对美国高等教育国际化政策进行分析，提出提高我国大学学科国际化水平的几点建议，如落实国际化教育理念等[②]；任文隆、李国俊介绍了美国教育绩效拨款政策的变迁过程，分析了 PBF 2.0（绩效拨款 2.0）版本的特点及应用情况，同时指出国际竞争的加剧、对高素质劳动力的需求、财政紧缩等是使得 PBF 2.0 版本快速发展的原因[③]；曾晓东、高扬、刘莉介绍了美国联邦政府 20 世纪 50 年代在公众不断上涨的学前教育需求与供给激励失败背景下，采取政策妥协，通过干预家庭需求方式进行政策工具的创新[④]。研究者从 1999 年开始对美国教育相关政策进行研究，之后研究越来越多，总体呈现上升趋势。随着对美国教育政策研究数量的不断增多，对其的研究程度将会愈加深入。

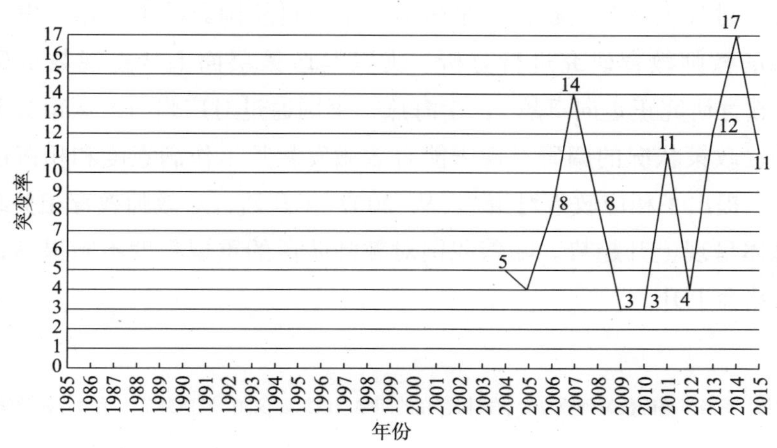

图 4-4　美国教育（突变率：13.26）

① 戴谓真，王伟宜. 战后至今美国联邦政府资助政策对低收入家庭学生高等教育入学机会的影响[J]. 长春工业大学学报（高教研究版），2013，（1）：138-141.

② 陈勇. 美国高等教育国际化政策分析及学科国际化建设启示[J]. 贵州师范大学学报（社会科学版），2014，（6）：154-158.

③ 任文隆，李国俊. 美国高等教育财政绩效拨款政策研究——基于 PBF 2.0 的视角[J]. 清华大学教育研究，2015，36（4）：24-29.

④ 曾晓东，高扬，刘莉. “供给激励”还是“需求干预”？——美国联邦学前教育政策的制度意义[J]. 基础教育，2015，12（5）：91-97.

第二个突变词语为“教师教育”，突变率为6.89。从图4-5可以看出，2012年关键词“教师教育”开始突现，频次为8，2013年和2014年在文献中出现了10次，频次最高。从2007年开始，关于“教师教育”的文献的研究总体上呈现上升的趋势，属于“渐强型”研究主题。2012年之前研究主要围绕教师教育的专业结构、发展中的问题等进行，如康晓伟对我国高等院校教师教育专业机构存在的问题进行了分析并据此提出了政策建议①。2013年与2014年研究主要通过介绍国外教师教育政策情况探讨国内教师教育政策的设计与教师专业发展定位、困境和政策设计等问题，如艾述华分析了我国教师教育政策兴起原因、困境与对策等②；刘福才、刘复兴论述了我国教师专业发展进程存在着政策顶层设计与实施过程中的不足问题并进行相关制度创新③；杜静、颜晓娟基于政策群视角介绍了21世纪澳大利亚教师教育改革并得出启示，如设置高标准和低门槛的教师准入机制等④；李树峰从“双师型”教师政策的演进讨论了职业教育教师专业发展定位的相关问题⑤。2015年研究主要探讨了教师教育研究取向、教师教育的绩效、财政政策等问题，如张格格、朱成科从国家政策视角出发，对改革开放以来的教师教育研究进行分析，尤其是政策层面上从重视数量到重视质量，教师教育研究正走向卓越⑥；李海燕、李国通过对广州12区市义务教育教师绩效工资政策状况的调研发现未能有效激发教师工作满意度和积极性等，并在此基础上提出了相应政策对策⑦。从2007年开始，对教师教育相关政策进行的研究总体呈现上升趋势。随着我国对教师队伍的重视程度不断提高，其的研究热度仍然会上升。

① 康晓伟. 我国高等院校教师教育专业机构存在的问题及政策建议[J]. 湖南师范大学教育科学学报，2012，11（4）：24-27.

② 艾述华. 基于标准导向的我国教师教育政策兴起缘由、困境与对策[J]. 福建师范大学学报（哲学社会科学版），2013，（4）：139-140.

③ 刘福才，刘复兴. 教师教育政策顶层设计之省思[J]. 济南大学学报（社会科学版），2013，23（3）：86-90.

④ 杜静，颜晓娟. 政策群视阈下的21世纪澳大利亚教师教育改革及启示[J]. 比较教育研究，2014，36（10）：43-49.

⑤ 李树峰. 从“双师型”教师政策的演进看职业教育教师专业发展的定位[J]. 教师教育研究，2014，26（3）：17-22.

⑥ 张格格，朱成科. 国家政策视角下教师教育研究取向[J]. 教师教育论坛，2015，28（1）：45-49.

⑦ 李海燕，李国. 公平视域中的义务教育教师绩效工资政策分析——基于广州的调研[J]. 当代教师教育，2015，8（2）：51-57.

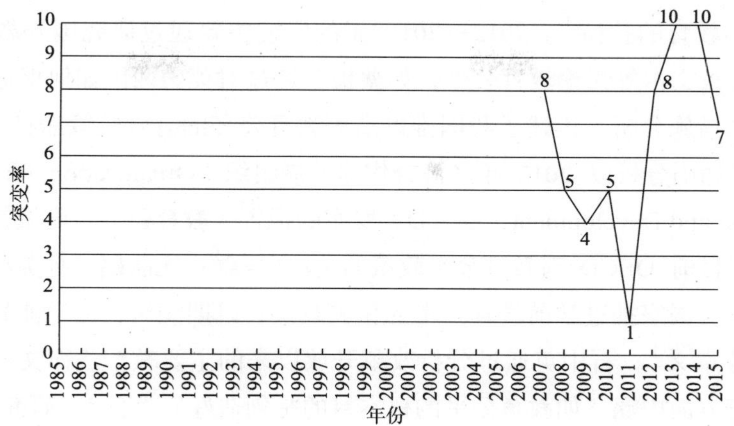

图 4-5　教师教育（突变率：6.89）

第三个突变词语为“教育公平”，突变率为 34.47。从图 4-6 可以看出，2007 年关键词“教育公平”开始突现，频次达到 21。2008 年在文献中出现了 31 次，频次最高。从 2003 年开始，关于“教育公平”的文献的研究总体上呈现上升趋势，属于“渐强型”研究主题。2007年与2008年主要围绕教育政策如何体现公平性及建立相应机制等主题，如鲍传友分析了社会转型时期我国义务教育公平的内涵与政策取向，突出政策的公平性①；赖光洪、宋秉斌通过对教育公平与教育政策不和谐现象的剖析，探讨教育政策的现状并提出政策建议②。2009—2011 年研究主要集中在分析高等教育不公原因、制度存在问题并提出政策建议等方面，如张宏玉从高考录取制度、高校收费政策等教育政策出发，分析导致教育不公的政策性原因，提出教育公平政策体系构建的政策建议③；杨广军分析了我国高等教育自身存在的制度问题，提出政府要遵循公平原则调整教育政策和相关制度④；薛二勇考察了学校教育与教育公平的深层关系，在分析学校分层、融合、同质与教育效果的关系基础上，尝试提出了促进教育公平的政策的建议⑤；杨红娟、易颖俐从民办教育发展困境着手分析了造成这种现象的原因，并认为应该从政策上

① 鲍传友. 转型时期我国义务教育公平的内涵与政策取向[J]. 教育科学，2007，23（5）：1-4.

② 赖光洪，宋秉斌. 从教育公平视角看我国教育政策的调整[J]. 继续教育研究，2008，（11）：49-50.

③ 张宏玉. 我国高等教育公平政策体系的构建[J]. 继续教育研究，2009，（12）：81-83.

④ 杨广军. 我国高等教育公平的制度性障碍及政策建议[J]. 当代教育论坛，2009，（10）：12-14.

⑤ 薛二勇. 学校教育与教育公平的政策意蕴——学生组成与教育效果关系的维度[J]. 教育发展研究，2010，（4）：52-57.

加强对民办教育的扶持[①]。2012—2015 年的研究主要通过研究国外教育公平政策、分析政策文本等讨论教育公平，如蔡梅兰通过对英美两国如何促进高等教育公平的政策措施分析，论述了我国推进高等教育公平的有效政策途径[②]；孙亚、窦卫霖通过话语分析以 2012 年经济合作与发展组织（Organization for Economic Co-operation and Development，OECD）发布的报告《教育公平与质量》为研究对象，揭示了目前 OECD 对教育公平政策的关注内容[③]；庞丽娟、孙美红、夏靖介绍了世界主要国家推进学前教育公平的相关政策，以期能对我国学前教育改革发展具有参考意义[④]；石中英通过分析改革开放以来的主要教育法律文本说明了教育公平的三方面内涵，如教育公平的根本目的是创造好的教育[⑤]。研究者从 2007 年开始对教育公平主题进行研究，总体呈现上升趋势。随着我国对教育公平政策的各方面研究加深，在未来对其的研究仍然是主要的研究主题之一。

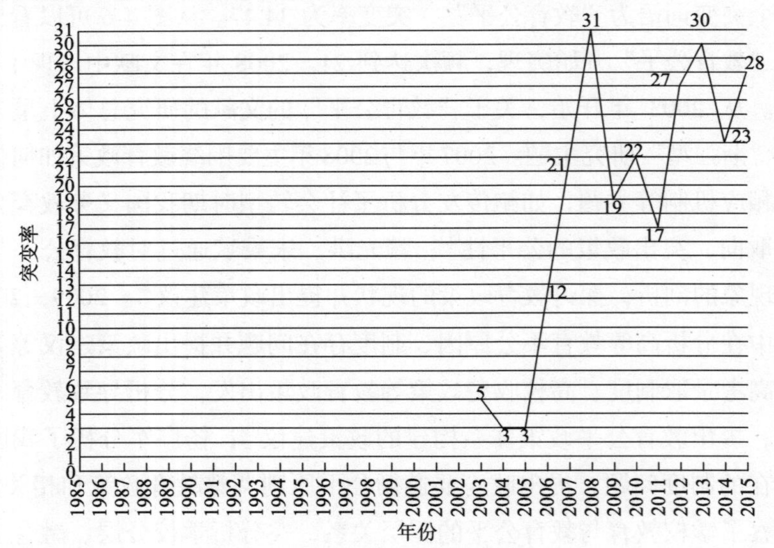

图 4-6　教育公平（突变率：34.47）

第四个突变词语为“师范生免费教育”，突变率为 26.25。从图 4-7 可以看

① 杨红娟，易颖俐. 浅析民办教育公平发展的政策环境[J]. 湖北函授大学学报，2011，24（6）：13-14.

② 蔡梅兰. 英美实现高等教育公平的政策措施与借鉴[J]. 兰州教育学院学报，2012，28（6）：97-98.

③ 孙亚，窦卫霖. OECD 教育公平政策的话语分析[J]. 全球教育展望，2013，42（4）：61-67.

④ 庞丽娟，孙美红，夏靖. 世界主要国家和地区政府主导推进学前教育公平的政策及启示[J]. 学前教育研究，2014，（1）：53-59.

⑤ 石中英. 教育政策文本中的公平概念及其分析[J]. 基础教育，2015，12（3）：22-24.

出，2007年关键词“师范生免费教育”开始突现，频次为12。2009年在文献中出现了17次，频次最高。从2007年开始，关于“师范生免费教育”的文献的研究虽然有增有减，但总体上对其研究在增多，属于“渐强型”研究主题。2007—2010年主要集中于师范生免费教育政策的价值追求、政策实施、政策形成等主题，如叶飞提到师范生免费教育政策的提出在当前的形势下有其特殊意义，而基本价值追求应该摆正。为此提出几点建议，如政策应尽量采取“成熟选择机制”[①]；曲铁华、马艳芬从师范生免费教育政策的背景、沟通、实施、落实四方面分析师范生免费政策实施过程中存在的问题[②]；李志兴结合《教育部直属师范大学师范生免费教育实施办法（试行）》制定及实施背景，运用金登的多元流分析模型对其生成过程进行了分析，阐述了其生成机理[③]。2011年与2012年主要为对师范生免费政策进行反思、阐述影响因素等，如黄忠敬、蔡珍从公共政策学的角度从政策目标、内容与效果等方面进行反思，指出应进一步完善此项政策[④]；赵联对三位免费师范生进行访谈，通过当事人的视角来透视师范生免费教育政策给研究对象带来的影响，并分析造成这种影响的原因[⑤]。2013—2015年相关研究主要围绕师范生免费教育政策的问题展开，通过不同方法进行研究并提出改进措施，如王卫东、付卫东基于在全国六所部属师范大学的调查对师范生免费教育政策的背景、成效、问题做了讨论，并提出对策[⑥]；罗向阳、支希哲针对师范生免费教育政策的缺陷提出了重构方案，如完善退出机制、增加意识形态投资等[⑦]；付卫东、付义朝分析了地方实施师范生免费教育政策的四种基本模式，并据此提出相关对策和建议[⑧]。研究者从2007年开始对免费师范生教育进行研究，取得了很多成就。随着我国对师范生培养政策的不断改进与完善，未来其仍是研究主题。

---

① 叶飞. 师范生免费教育政策的价值追求及其落实的思考[J]. 国家教育行政学院学报，2018，（11）：50-52，95.

② 曲铁华，马艳芬. 师范生免费教育政策实施的障碍分析[J]. 教育发展研究，2009，（7）：22-26.

③ 李志兴. 师范生免费教育政策的形成分析—— 基于金登的多元流分析模型[J]. 法制与社会，2010，（9）：232-233.

④ 黄忠敬，蔡珍. “一举”能否“多得”——师范生免费教育政策评析[J]. 基础教育，2011，8（1）：36-41.

⑤ 赵联. “免费”契约与个体期望的冲突——三位免费师范生眼中的师范生免费教育政策[J]. 教育研究与实验，2012，（4）：25-30.

⑥ 王卫东，付卫东. 师范生免费教育政策：背景、成效、问题及对策—— 基于全国六所部属师范大学的调查[J]. 河北师范大学学报（教育科学版），2013，15（8）：10-15.

⑦ 罗向阳，支希哲. 师范生免费教育政策的内在缺陷及重构[J]. 现代教育科学，2014，（9）：92-95.

⑧ 付卫东，付义朝. 地方实施师范生免费教育政策的基本模式探析[J]. 教师教育论坛，2015，28（3）：5-10.

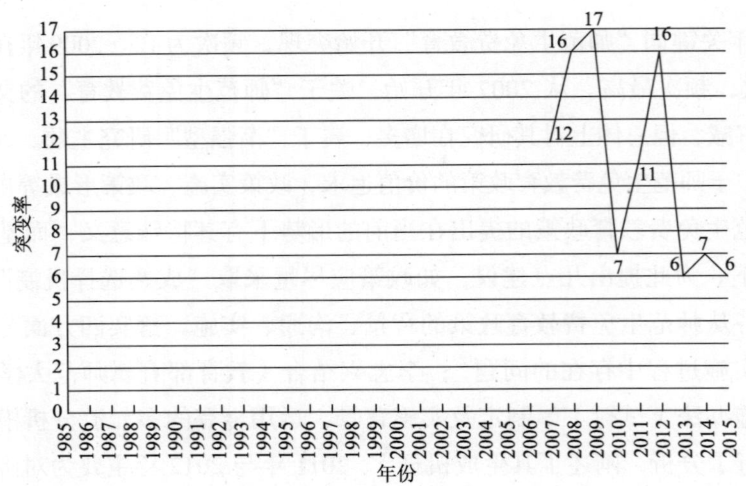

图 4-7　师范生免费教育（突变率：26.25）

第五个突变词语为“义务教育”，突变率为 13.96。从图 4-8 可以看出，2008 年关键词“义务教育”开始突现，频次为 22。2013 年在文献中出现了 27 次，频次最高。从 1999 年开始，关于“义务教育”的文献的研究开始快速增加，属于“渐强型”研究主题。2007—2010 年主要讨论了义务教育政策的改革、趋势及相配套的政策分析，如靳岳滨、湛卫清针对 2006 年各地全面停止审批新的改制学校和新的改制学校收费标准提出了几点思考①；杨润勇、王颖指出必须把握新时期义务教育政策构建的新特征与新趋势，促进义务教育事业快速发展②；金东海、秦浩、陈昊通过介绍国外一些国家实施的资助政策，发现在资助条件、程序、标准、形式等方面可供我国借鉴参考③；栗玉香基于北京区域内区县间、校际义务教育财政均衡配置状况，剖析了影响义务教育资源均衡配置的因素，提出了相应政策建议④。2011—2013 年主要通过国外和国内区域义务教育相关政策实施问题讨论其发展路径，如刘楠、肖甦介绍俄罗斯义务教育政策主要包括改善农村学校

① 靳岳滨，湛卫清. “退回去”以后的政策建议——关于义务教育阶段改制学校出路的思考之三[J]. 中小学管理，2007，（4）：14-15.

② 杨润勇，王颖. 论我国义务教育政策新进展及发展趋势[J]. 当代教育科学，2008，（24）：15-18，25.

③ 金东海，秦浩，陈昊. 国外义务教育阶段学生就学资助政策对我国的启示[J]. 外国教育研究，2009，36（8）：11-16.

④ 栗玉香. 区域内义务教育财政均衡配置状况及政策选择——基于北京市数据的实证分析[J]. 华中师范大学学报（人文社会科学版），2010，49（1）：106-112.

条件、提高农村教师地位、保障儿童受教育机会三个方面并分析了其特征[①]；彭虹斌通过阐明英国工党在义务教育发生过程中基于平等、崇尚教育公平的原则，强调对弱势群体的关注，兼顾市场竞争与社会公平，为我国义务教育的政策制定提供了相关借鉴[②]；李坤、杨柳在简要分析省域义务教育财政均衡政策实施的现实基础上，论证了其实现路径和手段，并提出若干策略[③]。2014 年与 2015 年研究侧重于分析国内义务教育存在问题和解决渠道，如彭泽平、姚琳从义务教育师资、经费、设备等办学条件出发，发现我国城乡义务教育有着明显的断裂，建议打破瓶颈，建立“共生”理念的义务教育体制[④]；韩俊、朱贤强、许召元主要讨论了农村义务教育的主要问题并据此提出解决思路[⑤]。研究者从 1999 年开始对义务教育进行研究，通过对诸多问题的讨论，致力于对政策的不断完善，本来对其的研究程度会不断加深。

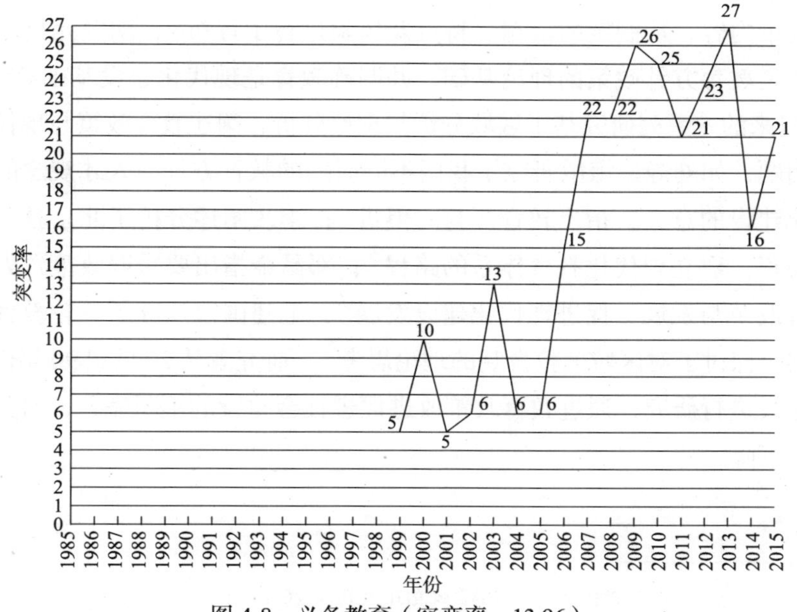

图 4-8　义务教育（突变率：13.96）

① 刘楠，肖甦. 21 世纪以来俄罗斯推动义务教育城乡均衡发展的政策述评[J]. 比较教育研究，2011，（8）：70-74.

② 彭虹斌. 工党执政期间英国义务教育投入政策研究[J]. 外国教育研究，2012，39（7）：74-78.

③ 李坤，杨柳. 省域义务教育财政均衡政策论析[J]. 当代教育理论与实践，2013，5（12）：142-145.

④ 彭泽平，姚琳. “分割”与“统筹”——城乡义务教育失衡的制度与政策根源及其重构[J]. 西南大学学报（社会科学版），2014，40（3）：64-71.

⑤ 韩俊，朱贤强，许召元. 我国城乡居民对义务教育的诉求和政策建议——基于 8 省市入户调查问卷的分析[J]. 发展研究，2015，（2）：73-76.

2. 渐弱型研究前沿分析

“渐弱型研究前沿”指突变率关键词的频次整体上随年份的演进呈下降趋势所反映的研究主题，主要包括“现代化建设”与“教育结构”关键词。

第一个突变词语为“现代化建设”，突变率为 5.31。从图 4-9 可以看出，1991 年关键词“现代化建设”开始突现，1993 年在文献中出现了 4 次，频次最高。关于“现代化建设”的文献的研究在 1999 年之前研究较多，之后研究下降，属于“渐弱型”研究主题。1993—1999 年研究主要围绕一些教育政策对现代化建设的重要作用展开探讨，如魏贻通、潘懋元指出中国的高等教育在 1978—1993 年中初步形成了多层次、多形式、多学科的体系，但仍然不能适应改革开放和现代化建设的需要①；李建鑫指出要把马克思主义民族观和党的民族政策教育切实抓起来，为现代化建设提供保障②；曹正善分析了基础教育中的导向、规模、质量等主要政策内容，从制定的依据、特点及风险进行了评析③；胡宗元指出邓小平教育思想是教育方针政策的理论基础，并明确教育是现代化建设基础等命题④。2000 年以来的一系列研究基于区域分析与理论分析，阐述教育政策与现代化建设的关系问题，如刘静、谦敏研究了我国不同时期的教育方针与人才观念的变化对于现代化建设的意义，指出教育要与时俱进⑤；李政阐述分析了北京教育现代化的政策历程、建立现代化教育体系的路程⑥；邓昌金指出要采取政策致力于促进职业教育改革与发展，促进现代化建设发展⑦；毛建国以江苏新一轮教育现代化建设为例，探讨了对区域大教育观的理论思考⑧，研究者从 20 世纪 90 年代开始对现代化建设进行研究，通过教育政策改进促进社会建设的不断完善，对其的研究程度逐渐下降。

---

① 魏贻通，潘懋元. 市场经济与高等教育筹资政策[J]. 中国高教研究，1993，（6）：9-17.

② 李建鑫. 把马克思主义民族观和党的民族政策教育切实抓起来[J]. 今日民族，1994，（9）：12-13.

③ 曹正善. 对我国现行基础教育政策的初步分析[J]. 四川师范大学学报（社会科学版），1998，（4）：123-128.

④ 胡宗元. 论邓小平教育思想是教育方针政策的理论基础[J]. 湖南商学院学报，1998，（4）：73-75.

⑤ 刘静，谦敏. 教育方针政策的变化与人才观念的变迁[J]. 中国电子教育，2005，（2）：43-46.

⑥ 李政. 首都教育现代化的政策历程分析[J]. 北京教育（高教版），2007，（10）：5-9.

⑦ 邓昌金. 采取国家政策，促进职业教育改革与发展[J]. 民主，2010，（2）：9-10.

⑧ 毛建国. 建立区域大教育观的理论思考与政策建议——以江苏新一轮教育现代化建设为例[J]. 江苏教育研究，2013，（25）：12-15.

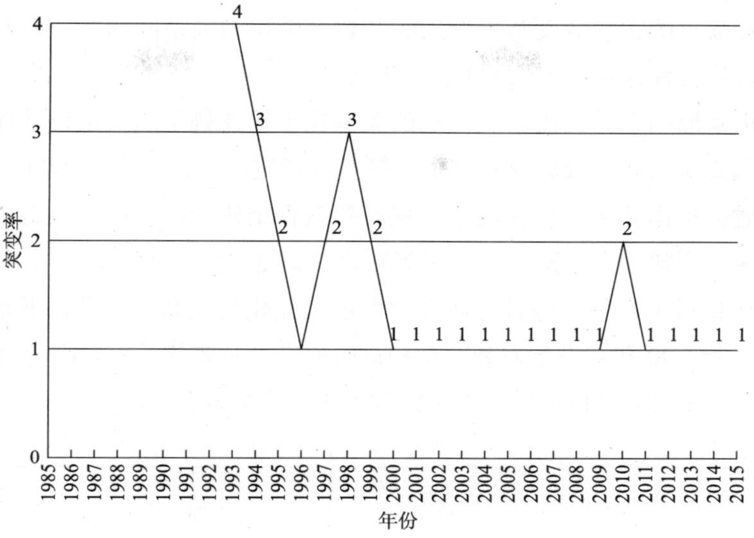

图 4-9　现代化建设（突变率：5.31）

第二个突变词语为“教育结构”，突变率为 5.67。从图 4-10 可以看出，1994 年关键词“教育结构”开始突现，1996 年、2001 年和 2007 年在文献中出现了 4 次，频次最高。基本上从 2001 年之后，对其研究开始减少，总体呈下降趋势，属于“渐弱型”研究主题。2000 年之前的研究主要从社会发展中教育发展角度讨论教育结构调整及相关配套政策改革，如许明、黄鸿鸿通过分析中国台湾为适应社会发展对教育政策所做的调整，明确指出要对教育结构进行调整，并对其基本实践与目标做了客观介绍①；方彤介绍了第二次世界大战后发达国家的基础教育政策，积极调整教育结构与格局等，提出借鉴参考②；楼一峰通过对上海成人高等教育需求的分析，借鉴国外历史经验，确定成人高等教育结构调整和发展政策③；曾应指出必须加大对教育的投入，制定正确的教育产业政策，使得教育结构合理、教师管理机制完善④。2000 年以来的相关研究主要围绕教育结构与高等教育的关系和相关主题展开，如张国兵介绍了教育政策干预教育结构的相关内容，并

① 许明，黄鸿鸿. 转型期台湾教育促进经济发展的基本政策与实践[J]. 福建师范大学学报（哲学社会科学版），1996，（4）：122-128.

② 方彤. 战后发达国家的基础教育政策[J]. 外国中小学教育，1996，（5）：1-3.

③ 楼一峰. 上海成人高等教育结构调整与发展政策研究[J]. 机械工业高教研究，1997，（3）：78-81.

④ 曾应. 教育产业政策与教师管理机制[J]. 高等工程教育研究，1999，（4）：54-56.

提出了教育政策的权力效度与干预失效和教育结构的关系问题[①]；张继龙、许锋认为当前高等教育存在的突出问题是结构趋同，说明不合理的政策设计是造成这种情况的根本原因，并提出解决问题的关键在于重建科学的政策设计体系[②]；陈厚丰、刘承波认为高等教育规模扩张政策有着特定原因，引发了体制、机制上的深层次矛盾，提出要通过创新政策加快高等教育结构调整，促进教育公平[③]；姚荣、李战国、崔鹤重点阐述了重构高等教育政策变迁的制度逻辑，建构学科逻辑与应用逻辑相对结合的高等教育体系，促进工业化与教育结构的松散耦合[④]。研究者从20世纪90年代开始对教育结构进行研究，主要侧重于对高等教育结构的多元化研究，未来对其的研究会在一定程度上有所减弱。

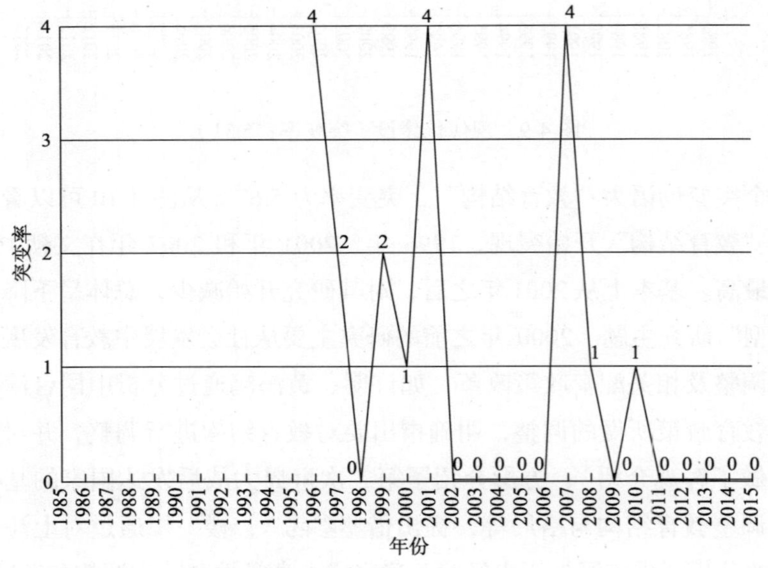

图4-10　教育结构（突变率：5.67）

3. 最新型研究前沿分析

“最新型研究前沿”指突变率关键词的频次从2005年开始整体上呈上升趋势

① 张国兵. 高教结构调整与教育政策的权力限度[J]. 教育发展研究，2006，26（11）：23-26.

② 张继龙，许锋. 从政策设计角度解析高等教育结构趋同问题[J]. 扬州大学学报（高教研究版），2006，10（2）：15-18.

③ 陈厚丰，刘承波. 世纪之交我国高等教育规模扩张政策的评价[J]. 教育研究，2007，（2）：26-32.

④ 姚荣，李战国，崔鹤. 国家工业化与高等教育结构调整——政策变迁的制度逻辑[J]. 教育学术月刊，2015，（8）：3-12.

所反映的研究主题，主要包括“政策执行”“校企合作”“农民工子女”“学费政策”“两免一补”“农村职业教育”“政策制定”“教育研究”“均衡发展”“价值取向”“语言教育政策”“学前教育”“外语教育政策”等13个关键词。

第一个突变词语为“政策执行”，突变率为8.76。从图4-11可以看出，2008年关键词“政策执行”开始突现，2010年在文献中出现了16次，频次最高。从2008年“政策执行”突变点出现，基本上历史曲线是呈现上升的趋势，属于“最新型研究前沿”，越来越多的研究开始关注政策执行对教育政策的影响。2008—2010年的研究主要侧重探讨影响政策执行的主要因素，如谢少华认为影响政策执行力的因素有活动主体、环境条件、决策质量和技术操作等四个因素①；庄西真认为既要制定合适的政策目标，更要考虑政策工具依存的教育治理结构与社会关系结构之间的匹配程度才能达到好的执行效果②；刘亚荣基于义务教育财政政策实施调查，分析了造成经费不足的主要原因，并提出应从财政投入、管理及监督着手进行制度完善③。2011—2015年的研究主要通过量化方法考察政策执行状况，对障碍因素进行分析，如江风娟基于实证研究对县级层面以下的教育管理者如何合理地执行政策进行了分析，解释其政策执行行为④；王成龙以代课教师清退政策为例，探讨了教育政策执行过程中的利益相关者如何影响教育政策执行的问题⑤；唐克、刘家刚通过实地调研分析了城镇化进程中社区教育政策执行主体的行为偏差问题⑥；祝贺以布朗诉教育委员会案为例分析了教育政策执行受阻的原因，并提出相关建议⑦。从2008年开始，政策执行的相关研究增多，并且随着量化研究方法的不断多样化，未来对其的研究仍会越来越多。

---

① 谢少华. 提高教育政策执行力必须超越“执行”的视域局限[J]. 华南师范大学学报（社会科学版），2008，(6)：89-95.

② 庄西真. 教育政策执行的社会学分析—— 嵌入性的视角[J]. 教育研究与评论（小学教育教学），2011，(3)：91.

③ 刘亚荣. 义务教育财政政策执行状况调查[J]. 教育发展研究，2010，(11)：29-33.

④ 江风娟. 基层官员教育政策执行行为分析——基于X省A县中小学布局调整政策执行的调查[J]. 教育学术月刊，2011，(4)：44-47.

⑤ 王成龙. 教育政策执行过程的利益相关者分析——以代课教师清退政策为例[J]. 社科纵横（新理论版），2012，27(2)：203-204.

⑥ 唐克，刘家刚. 城镇化进程中社区教育政策执行主体的偏差行为问题——基于社区教育实践中的困境问题调研[J]. 远程教育杂志，2014，(5)：75-81.

⑦ 祝贺. 教育改革政策执行受阻的原因分析——以布朗诉教育委员会案为例[J]. 外国教育研究，2015，42(1)：21-27，117.

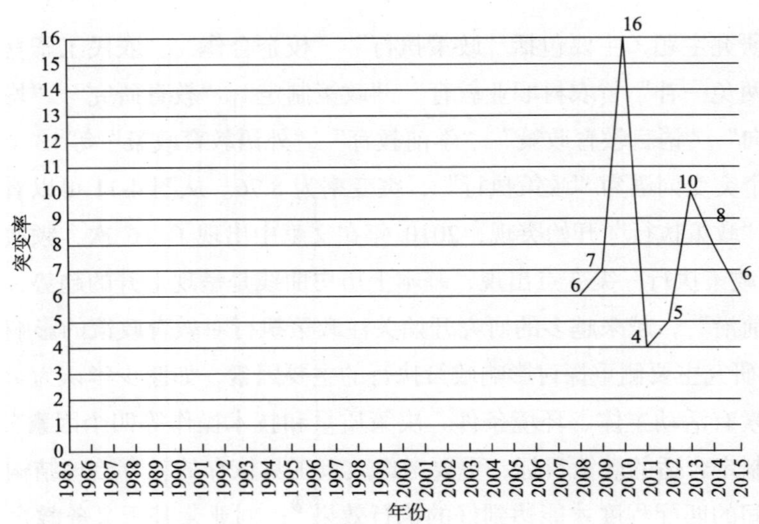

图 4-11 政策执行（突变率：8.76）

第二个突变词语为“校企合作”，突变率 6.45。从图 4-12 可以看出，2014 年关键词“校企合作”开始出现突变点，2014 年在文献中出现了 10 次，频次最高。2014 年“校企合作”开始突现，属于“最新型研究前沿”，意味着更多研究开始关注与校企合作相关的教育政策。邓艳玲对美国高等职业教育校企合作政策进行分析，并为我国高等职业教育校企合作提供了一些政策建议①；罗音从财政税收激励政策角度，分析国内外财税制度对校企合作的作用，探讨从政策上对校企合作的激励与促进②；戴汉冬、石伟平针对各地职业教育校企合作促进政策的动因等，为完善职业教育校企合作法律政策体系提供了一些理论依据③；齐丽娟认为目前校企合作培养模式问题主要有制度问题、企业问题、教育内部问题和协调服务问题等④；段致平、王升、池卫东指出校企合作政策源于市场需求，市场思维是目前校企合作政策走出困境的必然路径⑤；郭萍提出校企合作政策要具有实效性、系统性，要明确各个主体的责权并细化激励政策等措施意见⑥；杨进提出校企合作双主体办学的政策

① 邓艳玲．美国高等职业教育校企合作相关政策研究[J]．黑龙江教育学院学报，2014，33（11）：14-15.

② 罗音．浅议职业教育校企合作的财税政策规划[J]．中国成人教育，2014，（20）：74-76.

③ 戴汉冬，石伟平．区域职业教育校企合作促进政策的动因与逻辑[J]．中国职业技术教育，2014，（36）：19-23.

④ 齐丽娟．浅析职业教育中校企合作政策落实存在的问题[J]．教育探索，2014，（5）：93-94.

⑤ 段致平，王升，池卫东．市场视域下职业教育校企合作的政策研究[J]．中国职业技术教育，2015，（6）：65-69.

⑥ 郭萍．职业教育校企合作政策的现状分析和完善思考[J]．亚太教育，2015，（15）：209，210-211.

研究要聚焦于时代背景、政策背景和实践需求等①。从 2014 年开始，对校企合作政策研究增多，并且随着国家对职业教育的大力发展，对其的研究仍是研究主题。

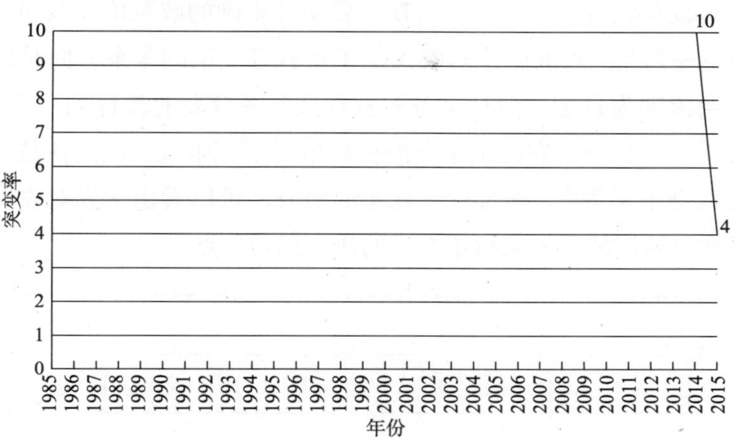

图 4-12　校企合作（突变率：6.45）

第三个突变词语为“农民工子女”，突变率 5.88。从图 4-13 可以看出，2006 年关键词“农民工子女”开始突现，2009 年在文献中出现 6 次，频次最高。从 2006 年对“农民工子女”的关注突增，属于“最新型研究前沿”。2000 年以来的相关研究重点探讨了农民工子女教育的问题、政策内容、实施状况等，如邵彩玲、贾立平、李亚青从教育政策的角度分析了农民工子女融入城市的困境所在，并从学校、家庭和社会三方面提出了解决对策②；宋艳指出“两为主”政策是农民工子女教育政策内容的核心，由于诸多问题需要对其进行改革和完善③；朱汉平针对目前农民工子女政策实施中的问题，提出未来需要长期整合及与其他制度和政策配合④；袁连生认为现行政策仍然设计不完善、效果不理想，并应着重建立以政府出资为主的经费保障制度⑤。2011—2015 年的研究主要探讨了农民工子

① 杨进. “职业教育校企合作双主体办学的治理结构、实现途径和政策研究”开题[J]. 职业技术教育，2015，（13）：6-7.

② 邵彩玲，贾立平，李亚青. 教育政策视角下农民工子女社会融入的困境与对策[J]. 河北农业大学学报（农林教育版），2008，10（3）：332-335.

③ 宋艳. 农民工子女教育的“两为主”政策——全面实施免费义务教育后的分析[J]. 教育理论与实践，2009，（25）：37-40.

④ 朱汉平. 实然与应然的博弈：基于农民工子女教育问题的政策分析[J]. 行政论坛，2009，16（2）：41-44.

⑤ 袁连生. 农民工子女义务教育经费负担政策的理论、实践与改革[J]. 教育与经济，2010，（1）：8-13.

女教育问题的解决对策、价值取向和发展目标等问题，钱雪从系统论角度出发，说明只有多方力量共同努力，才能有效解决农民工子女教育问题①；周国华、郭元凯提出面对教育政策的“拐点”时期，要坚持正确的政策价值取向，确保农民工子女教育的平等②；朱家德指出农民工子女教育政策的未来方向是以促进此群体向上层社会流动为目标，包括义务教育和义务教育后的教育③；李可安提出由于城乡二元结构的影响，农民工子女的受教情况不容乐观，政策性歧视使得农民工子女受教机会不平等④。通过近十几年的研究，可以看出学界对农民工子女这一群体的关注日益增加，未来对这方面的研究仍是重点。

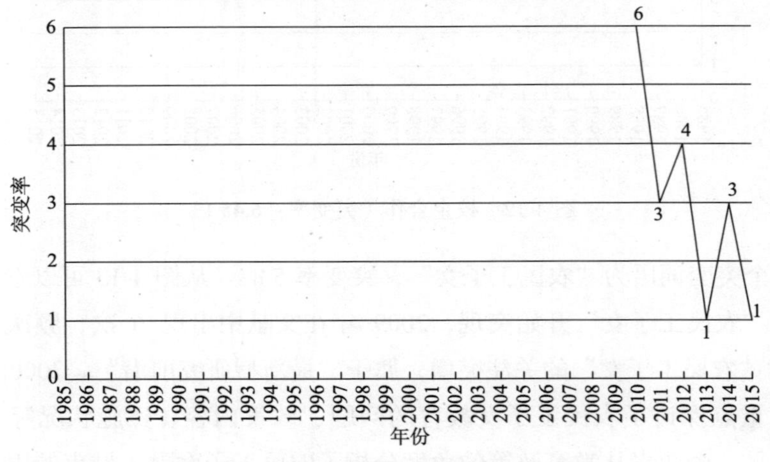

图 4-13　农民工子女（突变率：5.88）

第四个突变词语为“学费政策”，突变率5.31。从图4-14可以看出，2007年关键词“学费政策”开始突现，且文献中出现 6 次，频次最高。虽总体上研究有所下降，但2005年以来对其开始研究，属于“最新型研究前沿”。2010年之前的研究主要围绕高等教育这一类型讨论学费政策的影响、问题与不足，如余英指出由于各国对相关成本的界定及实际成本存在差异，在我国高等教育成本核算制度下，学费政策规定意义不大⑤；马飙对不同时期高等师范教育学费政策百年历程

① 钱雪. 系统论视野下农民工子女初中后教育政策问题探析[J]. 科教导刊（上旬刊），2011，（3）：30-31.

② 周国华，郭元凯. 农民工子女教育进入转折期后的政策取向分析[J]. 基础教育，2012，9（5）：38-44.

③ 朱家德. 流动儿童教育政策演变路径分析[J]. 教育学术月刊，2014，（6）：49-53.

④ 李可安. 关于农民工子女教育问题的政策解读与反思[J]. 亚太教育，2015，（21）：287.

⑤ 余英. 高等教育成本分担的国际比较——兼评中国高等教育学费标准的政策依据[J]. 清华大学教育研究，2007，28（3）：111-118.

发展做了梳理，分析了师范教育“收费”原因，并对新颁布的相关政策进行了解读①；张继华针对我国现行高等教育学费政策存在的问题，指出应从定价主体、依据基本理论制定贷款相关法律等方面着手②；余英提出我国应根据近年学费投入占政府预算拨款的比例，确定可操作的学费标准，差别收费③。2010 年以来的研究主要侧重通过学费政策的实施状况分析运用诸多方法提出解决对策，如李作章、单春艳介绍了英国高等教育学费政策通过生活维持费辅助、低学费加助学贷款和成本分担加助学贷款三方面实现了面向市场的转型④；查显友、丁守海指出由于资助制度不完善，高学费会影响教育公平，政府控制学费水平，并据此制定差异化学费政策⑤；刘永新针对中职教育免学费政策执行中地方政府、学校积极性不高的问题提出了地方政府应合理规划、加大投入等相应的对策⑥；王喜雪试图构建起动力因素分析框架，并运用此框架对中等职业教育学费政策变迁进行了具体分析⑦。从 2007 年开始学界对“免费政策”关注增多，并且随着多方法、多框架的不断建立与完善，未来对其的研究仍是重心。

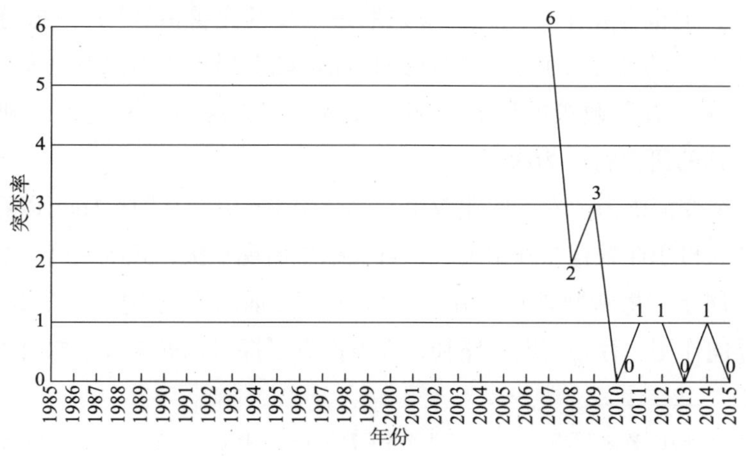

图 4-14　学费政策（突变率：5.31）

① 马飙. 我国高等师范教育学费政策的嬗变分析[J]. 煤炭高等教育，2007，25（5）：14-17.

② 张继华. 对我国高等教育学费政策问题的分析与建议[J]. 教育理论与实践，2008，28（7）：25-27.

③ 余英. 论高等教育学费政策的改善[J]. 教育评论，2009，（3）：11-14.

④ 李作章，单春艳. 从“社会福利”到“面向市场”：英国高等教育学费政策的变迁[J]. 现代教育科学，2011，（9）：124-127.

⑤ 查显友，丁守海. 高等教育公平与学费政策选择[J]. 清华大学教育研究，2012，33（1）：103-108.

⑥ 刘永新. 浅谈中职教育免学费政策执行中的问题及对策[J]. 中国财政，2013，（14）：77.

⑦ 王喜雪. 我国中等职业教育学费政策变迁的动力因素分析[J]. 中国职业技术教育，2014，（33）：5-11.

第五个突变词语为“两免一补”，突变率6.45。从图4-15可以看出，2007年关键词“两免一补”开始突现，且文献中出现5次，频次最高。虽总体上研究有所下降，但2005年以来对其研究增多，属于“最新型研究前沿”。2010年之前的研究主要就“两免一补”政策实施问题、措施建议等内容进行探讨，如沈有禄、马继迁提出要给2006年在西部民办中小学校上学的农村学生发放“两免一补”补贴面值的教育券①；鞠玉翠、王佳佳明确“两免一补”政策在李村实施中村民们的自私偏好等与实施中存在的指标等问题是农民处于不利境地的原因②；徐鹏介绍了山东省费县在农村义务教育经费保障机制改革工作中，结合当地实际做了大胆有益的探索③；曹思芹就“两免一补”政策能否从根本上改变农村义务教育现状，在实施中取得了哪些成就做了介绍总结④。2010年以来的研究主要通过实证方法对“两免一补”政策的执行效果做了调查，并提出改善建议，如卫思祺通过数据辅证、理论推理论证了“两免一补”政策的实施效果，并提出政府应进一步对其进行完善⑤；许静、卢宝祥通过实地调查发现，“两免一补”在各学校得到较好的执行，但也存在不少问题，应采取进一步的完善措施⑥；王振分析了免费政策下义务教育的留守儿童教育现状并在此基础上提出了对策⑦。从2007年开始，对“两免一补”政策的研究增多。随着研究方法的不断完善、理论不断丰富，未来对其的研究将更为深入。

第六个突变词语为“农村职业教育”，突变率6.01。从图4-16可以看出，2009年关键词“农村职业教育”开始突现，且文献中出现9次，频次最高。总体上研究平稳发展，属于“最新型研究前沿”。2010年之前的研究主要围绕农村职业教育中政策的导向作用、存在问题和路径选择方面做了探讨，如朱容皋探讨了农村职业

① 沈有禄，马继迁. 教育券保障民办中小学生平等受教育权—— 兼论“两免一补”政策及其改进[J]. 上海教育科研，2007，（1）：12-13.

② 鞠玉翠，王佳佳. 教育的民间公平观——“两免一补”政策在李村实施中的遭遇[J]. 全球教育展望，2007，36（1）：69-73.

③ 徐鹏. “两免一补”政策实施中的问题及对策——基于山东费县农村义务教育经费保障机制改革的实践[J]. 科技信息（科学教研），2008，（19）：512.

④ 曹思芹. 义务教育阶段“两免一补”教育政策分析[J]. 教学与管理，2009，（21）：3-4.

⑤ 卫思祺. 农村教育“两免一补”政策的理论价值与实践效应分析[J]. 中国农学通报，2011，27（17）：182-186.

⑥ 许静，卢宝祥. “两免一补”教育政策实施成效与问题分析——基于广西金秀县的调查与思考[J]. 教育导刊，2011，（12）：19-22.

⑦ 王振. 免费义务教育政策下的留守儿童教育现状和对策[J]. 亚太教育，2015，（22）：268.

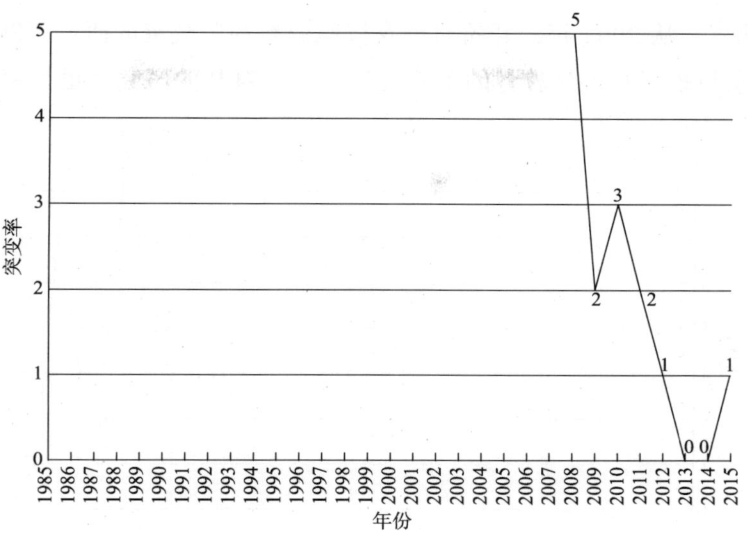

图 4-15 两免一补（突变率：6.45）

教育反贫困中的政府作用、城乡统筹发展论和扩大教育机会中的问题①；习勇生、杨挺指出了农村职业教育的变化，并针对变化探索农村职业教育发展的有效路径②；郭文富通过对改革开放以来主要农村职业教育政策的研究，分析了农村职业教育存在的问题，并提出建议③；马建富指出政策对农村职业教育发展至关重要，必须通过各种政策提高其效用性④。2010 年以来的研究从多视角分析实施中的影响因素、问题与影响等，如李晓研究了中职免学费政策的实施目标策略、实施结果如何等问题⑤；王凤羽、杨小容从农村职业教育视角出发，讨论了微观领域下财政政策如何发挥作用服务农村教育事业⑥；刘巧利从办学视角研究了 1949 年以来农村职业教育政策的变迁历程，并对当前政策的借鉴意义做了阐述⑦；曲铁华、李楠指出了农村经济体制改革、教育政策价值理念变迁及职业教育发展重心转变等因素对农村职业教育政策的影响，并提出

① 朱容皋. 农村职业教育反贫困中的政府统筹政策框架探讨[J]. 现代农业科学，2008，（12）：139-141.

② 习勇生，杨挺. 我国农村职业教育发展的政策变迁、政策环境及路径选择[J]. 教育与职业，2009，（29）：8-10.

③ 郭文富. 农村职业教育改革与发展政策的研究分析[J]. 职教论坛，2009，（19）：53-55.

④ 马建富. 提升农村职业教育吸引力需完善与创新政策[J]. 当代职业教育，2010，（9）：1.

⑤ 李晓. 中职免学费政策实施中的问题及对农村职业教育的影响[J]. 职教论坛，2011，（22）：33-35.

⑥ 王凤羽，杨小容. 财政政策如何作用于微观领域：农村职业教育视点[J]. 改革，2012，（10）：57-62.

⑦ 刘巧利. 中国农村职业教育政策的变迁：录学方向的视角[J]. 教育学术月刊，2013，（9）：47-51.

启示性意见[①]。从 2007 年，开始对“农村职业教育”政策的研究不断增多，并且随着国家与政府对农村教育的不断关注，未来对其的研究将更为深入。

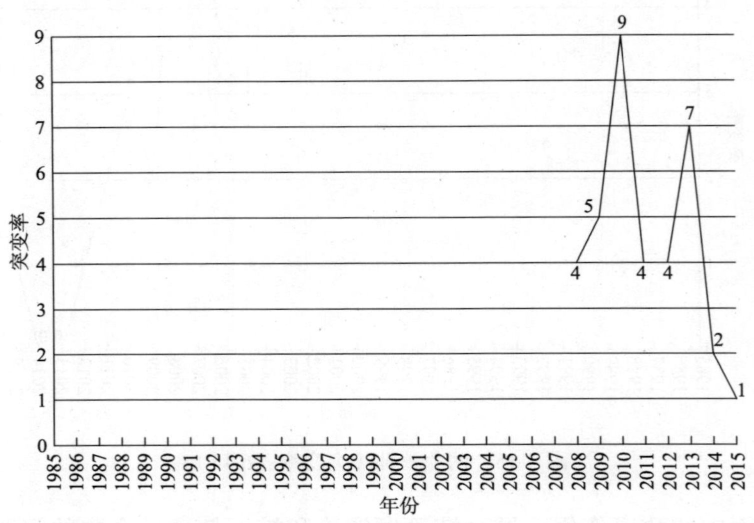

图 4-16　农村职业教育（突变率：6.01）

第七个突变词语为“政策制定”，突变率 6.03。从图 4-17 可以看出，2009 年关键词“政策制定”开始突现，且文献中出现 7 次，频次最高。总体上对其研究逐渐增多，属于“最新型研究前沿”。2010 年之前的研究围绕政策制定的内容、模式和影响等内容展开，如石亚洲指出民族教育政策制定主要包括界定问题、建立议程、方案设计规划和选择、方案合法化等环节[②]；包海芹概述了教育政策制定的几种常见的理论模式并对其应用进行了分析，提出了运用模式分析时的几点具体建议[③]；梁德军从经济集约化的角度出发指出农村教育政策制定中应注重程序集约、人员集约及机构集约[④]；王智超、杨颖秀针对教育政策制定滞后带来的正负效应，指出从预防的角度解决隐性教育政策问题[⑤]。2010 年以来的研究主要探讨了利益相关者的影响、价值追求和有效性的促进等，如刘荣指出教育政策制

① 曲铁华，李楠. 改革开放以来我国农村职业教育政策影响因素及特征研究[J]. 河北师范大学学报（教育科学版），2014，16（1）：74-79.

② 石亚洲. 论社会转型时期民族教育政策制定的优化选择[J]. 民族教育研究，2008，（2）：12-16.

③ 包海芹. 教育政策制定的理论模式评析[J]. 教育学术月刊，2009，（2）：17-21.

④ 梁德军. 论农村教育政策制定中的资源集约化问题[J]. 教育学术月刊，2009，（1）：95-97.

⑤ 王智超，杨颖秀. 教育政策制定过程中的滞后现象[J]. 现代教育管理，2010，（7）：40-42.

定要考虑政策利益相关者，要考虑界定政府角色、多元参与、监督制约三方面因素制定政策[①]；赵雄辉提出政策制定过程中要追求教育公平和利益平衡，明确价值追求[②]；张岩以郝克明的教育发展战略研究思想为基础，从哲学视角对中国教育政策制定的哲学意蕴做了阐述[③]；何锋从“政策成本”的角度分析在政策制定阶段关注的重点内容及如何保证促进有效性[④]。从 2009 年开始，对“政策制定”的研究不断增多，并且政策制定对于教育政策的形成过程至关重要，对其的研究力度将会更大。

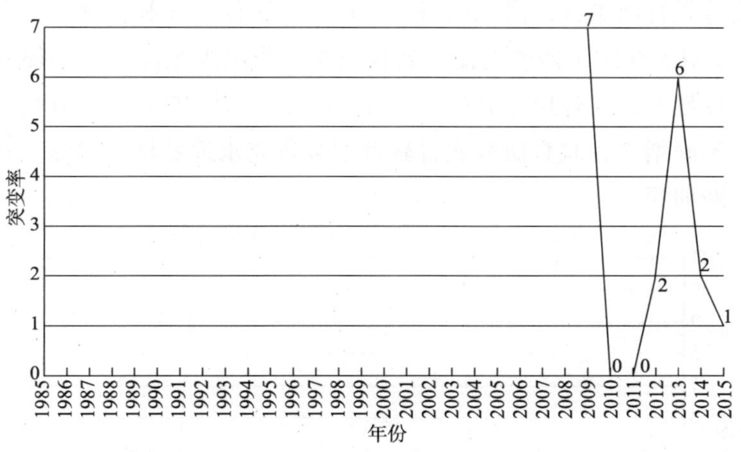

图 4-17　政策制定（突变率：6.03）

第八个突变词语为“教育研究”，突变率 5.12。从图 4-18 可以看出，2006 年关键词“教育研究”开始突变，且文献中出现 11 次，频次最高。总体上对其研究逐渐增多，属于“最新型研究前沿”。2010 年之前的研究对各类教育政策做了研究分析并提出发展建议等，如张振改指出教育政策的代价是政府制定、实施政策中产生的非预期影响并会使得教育政策的效果大打折扣[⑤]；胡春梅提出制度因素是影响和制约教育政策执行的一个不可忽视的因素并主张通过制度分析把握政策

① 刘荣. 利益相关者共同治理视阈下的教育政策制定[J]. 现代教育科学，2011，（5）：21-24.

② 赵雄辉. 民办教育地方政策制定的价值追求[J]. 教育发展研究，2012，（7）：19-23.

③ 张岩. 我国宏观教育政策制定的哲学思考——以郝克明的教育发展战略研究为例[J]. 重庆科技学院学报（社会科学版），2013，（12）：178-180.

④ 何锋. “政策成本”视域下学前教育政策制定的有效性探微[J]. 教育探索，2015，（5）：13-15.

⑤ 张振改. 教育政策代价：表现与对策[J]. 上海教育科研，2006，（2）：16-18.

执行的本质性特征①；吴言主张要发挥职业教育研究的政策导向功能，加强研究的政策针对性和实效性是职业教育研究的紧迫任务②；周洪宇认识到关于公民教育政策的研究层面较浅、法律层面少，主张深化公民教育研究③。2010 年以来的研究开始更多侧重于对教育研究的反思和介绍国外的相关研究，如周佳提出教育政策领域的研究成果越多地应用到国家和地方决策中，并且教育政策的比较研究也成了主导力量④；徐冰鸥介绍了批判教育研究学者对右派教育政策的深度解析与批判，表明其基本立场，并对于我国当前教育政策实践有一定的启示⑤；赵炬明探讨了高等教育政策咨询研究的特点、性质、工作程序和咨询报告写作等几方面问题⑥；安双宏介绍了印度的语言教育政策，指出少数民族学生很难用本民族语言进行学校教育，这对我国也有一定启发意义⑦。从 2006 年，开始对“教育研究”的研究不断增多，教育研究或者教育政策研究永远是核心主题，对其的研究力度将会不断加深。

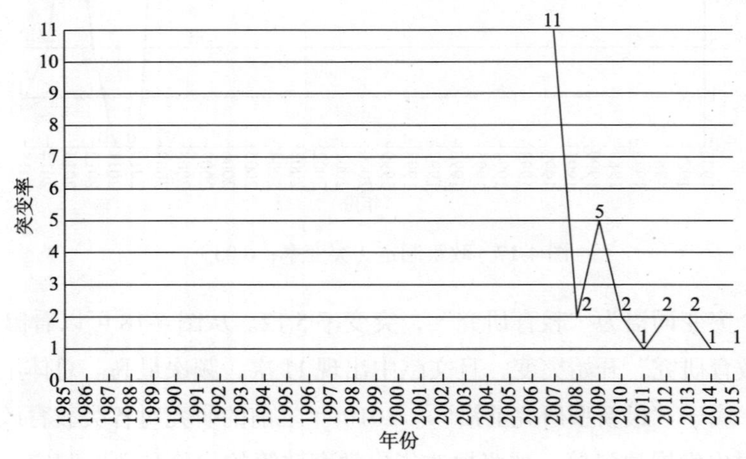

图 4-18 教育研究（突变率：5.12）

① 胡春梅. 制度分析方法与教育政策执行研究[J]. 教育理论与实践，2005，（10）：28-29.

② 吴言. 职业教育研究：服务政策发展[J]. 职业技术教育，2009，30（25）：1.

③ 周洪宇. 加强公民教育政策与法律的研究[J]. 中国德育，2010，（12）：3-4.

④ 周佳. 博约相济的教育政策学教学与研究[J]. 黑龙江教育（高教研究与评估），2011，（5）：95-96.

⑤ 徐冰鸥. 批判教育视野中的美国教育政策：解读与启示[J]. 西北师大学报（社会科学版），2012，49（2）：105-110.

⑥ 赵炬明. 为决策者服务——如何在高等教育领域做政策咨询[J]. 高等工程教育研究，2014，（2）：61-65.

⑦ 安双宏. 印度基础教育阶段少数民族的教学语言政策研究[J]. 比较教育研究，2015，（4）：46-50.

第九个突变词语为“均衡发展”，突变率5.25。从图4-19可以看出，2013年关键词“均衡发展”开始突现，2014年和2015年在文献中出现8次，频次最高，属于“最新型研究前沿”。2013—2015的相关研究从国际角度，用实证调查等方法探讨均衡发展的相关教育政策的实施情况或问题所在，如王璐从国际理论与实践视角探讨了义务教育均衡发展的整体理论结构，其中包括理论基础、对象层次、任务内容的纬度[①]；张艳、刘彦伯从资源配置角度分析了辽宁省义务教育均衡发展现状与存在的问题，探究导致发展失衡的政策原因，并据此提出政策性建议[②]；曹锡康对上海市浦东新区进行了实证调查，结果表明总体教育均衡水平不高，指出政府须进一步促进区域基础教育均衡发展[③]；邱昆树、阎亚军指出从示范性学校相关政策的实施情况出发，政府和学校对自身职责认识模糊，不利于推进义务教育均衡发展[④]；郑玉莲、陈霜叶通过对“校长培训机构改革”的文件进行分析，阐述其背后的关于培训质量与培训公平的认识，为培训机构改革提供新的思路[⑤]；蔡题指出了县域义务教育均衡发展政策执行阻滞的现象并从目标、执行环境、官员政绩考核制度和监督制度等方面分析了原因[⑥]。从2013年开始，对“均衡发展”的研究主题不断加大力度，随着多元方法与视角的不断丰富，对其的研究仍会不断深入。

第十个突变词语为“价值取向”，突变率6.75。从图4-20可以看出，2008年关键词“价值取向”开始突现，2009年和2014年在文献中出现11次，频次最高，属于“最新型研究前沿”。2006—2010年的研究主要结合时代背景分析了各类教育政策的价值取向是什么，如蒲蕊认为坚持政策选择与制度创新公平的价值取向是实现教育公平的重要保证，同时政府在其中承担重要责任和作用[⑦]；蔡军

① 王璐. 国际视野下的义务教育均衡发展研究：理论基础、对象层次与任务内容[J]. 比较教育研究，2013，（2）：32-37.

② 张艳，刘彦伯. 辽宁省义务教育均衡发展的政策选择[J]. 高等农业教育，2013，（1）：109-112.

③ 曹锡康. 区域基础教育均衡程度分析——基于政府政策选择的角度[J]. 教育学术月刊，2013，（6）：23-26.

④ 邱昆树，阎亚军. 义务教育均衡发展：政府与学校的职责“边界”——兼议示范性学校政策[J]. 教育导刊，2013，（6）：21-24.

⑤ 郑玉莲，陈霜叶. 促进教育均衡发展的校长培训机构改革：现状与政策评估[J]. 教育研究与实验，2014，（6）：25-30.

⑥ 蔡题. 县域义务教育均衡发展政策执行阻滞及应对策略[J]. 湖北师范学院学报（哲学社会科学版），2015，35（5）：104-108.

⑦ 蒲蕊. 教育政策选择与制度创新的公平价值取向[J]. 教育研究与实验，2008，（4）：11-15.

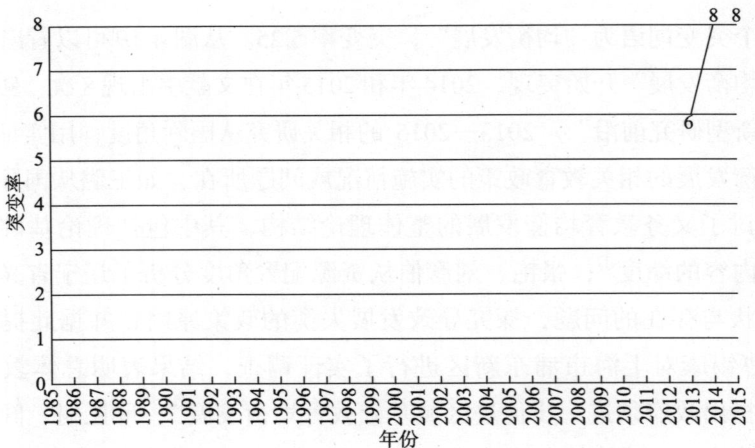

图 4-19 均衡发展（突变率：5.25）

认为在构建社会主义和谐社会大背景下，教育政策价值取向应该向促进公平倾斜①；张扬生、朱纷认为目前我国素质教育政策的价值取向应是以人为本、公平、和谐与现代化②；陈小琼、谭绮球介绍了澳大利亚高等职业教育改革中高等职业教育政策取向，并为我国高等职业教育改革提供借鉴③。2010 年以来的研究在深入分析各类教育价值取向的同时，对教育与公平取向进行了深入研究，如孔江联、张俊杰回顾了中国共产党成立以来我国成人教育政策，并分析了其在不同发展阶段的价值取向④；张红认为现阶段中国的教育政策没有处理好公平与效率之间的关系，仍然坚持公平唯一或效率至上的价值取向⑤；唐小平、曹丽媛认识到我国高等教育政策未来的价值取向需要我们树立公平与效率并重的理念、构建新的决策机制、完善补偿政策⑥；祁占勇指出普通高中教育的价值取向将会发生四大转型，如加大规范管理力度，走制度创新型发展道路等⑦。从2007年，开始对“价值取向”的研究

① 蔡军. 当代中国教育政策的价值选择[J]. 教育导刊，2009，（1）：7-9.

② 张扬生，朱纷. 论素质教育政策的价值取向与制度创新[J]. 江苏教育研究，2009，（4）：50-53.

③ 陈小琼，谭绮球. 试析澳大利亚政府高等职业教育政策的价值取向[J]. 高教探索，2010，（1）：73-75.

④ 孔江联，张俊杰. 党的成人教育政策价值变迁与成人教育的发展[J]. 湖北大学成人教育学院学报，2011，29（4）：21-24.

⑤ 张红. 反思中国教育政策价值取向的两种关系：教育公平与教育效率[J]. 经济研究导刊，2012，（11）：221-222.

⑥ 唐小平，曹丽媛. 我国高等教育重点建设政策的评估与重构——基于公平与效率的视角[J]. 中国地质大学学报（社会科学版），2013，13（4）：133-138.

⑦ 祁占勇. 我国普通高中教育政策转型的当代境遇与价值取向[J]. 基础教育，2014，11（2）：38-46.

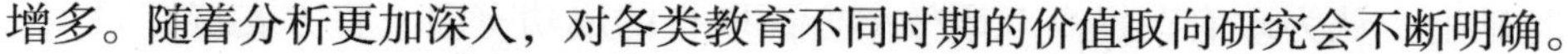
增多。随着分析更加深入，对各类教育不同时期的价值取向研究会不断明确。

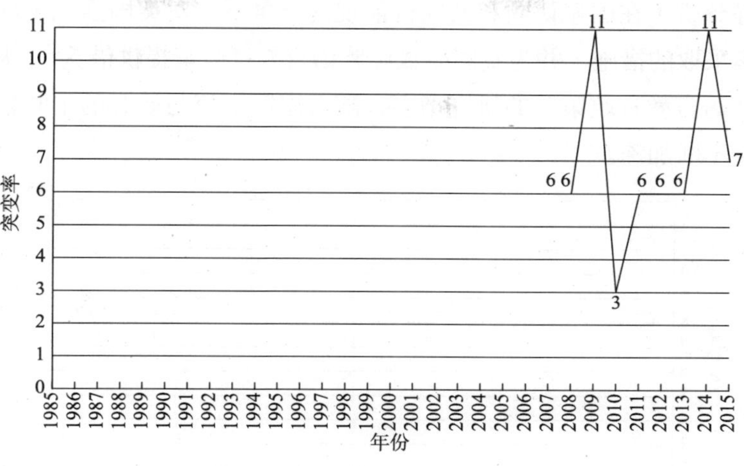

图 4-20　价值取向（突变率：6.75）

第十一个突变词语为“语言教育政策”，突变率 11.83。从图 4-21 可以看出，2012 年关键词“语言教育政策”开始突变，2015 年在文献中出现 13 次，频次最高，并呈上升趋势，属于“最新型研究前沿”。2012 年以来的研究主要关注国外语言政策的分析并为我国政策提供参考，如张彩霞基于澳大利亚语言政策的概括及特点，结合我国高校双语教育实践，探讨了如何解决我国双语教育工作中面临的困境①；马宏程认为我国在促进双语教育的同时，应注意摆正外语和汉语的关系，同时提倡语种多元化②；房建军通过研究马来西亚多语生活背景下的语言教育政策的规划及语言转用现象，分析了转用的原因③；於荣指出摩洛哥的阿拉伯化语言政策造成了学生学习书面语言的困难，并且加剧了弱势群体的教育不公④；姜峰、赵娜基于 2007 年尼泊尔颁布的“基于多语教育的母语教育政策”，分析了其在政策实施中的障碍⑤；高霞、Maxim 在分析加拿大人口语言教育模

① 张彩霞. 澳大利亚语言教育政策解析[J]. 兰州石化职业技术学院学报，2015，15（4）：77-79.

② 马宏程. 语言政策比较背景下的双语教育研究[J]. 浙江外国语学院学报，2012，（5）：6-9.

③ 房建军. 马来西亚语言教育政策规划及对少数民族语言的影响[J]. 内蒙古师范大学学报（教育科学版），2012，25（4）：32-34.

④ 於荣. 摩洛哥的阿拉伯化语言政策及其对摩洛哥教育发展的影响[J]. 外国教育研究，2013，40（6）：105-111.

⑤ 姜峰，赵娜. 尼泊尔语言教育政策的实施与困境[J]. 外国教育研究，2013，40（10）：52-59.

式的基础上，认为政府在提高双语效率方面取得的成功有限、官方支持有限[①]；王璐、尤铮分析了在国家认同和共同价值观的背景下，对英国强化少数民族学生的语言教学采取的措施，并为我国少数民族语言教育政策提供借鉴[②]。从 2012 年开始，对“语言教育政策”的研究增多，随着国际交流与研究的不断繁荣，对其的研究仍会不断加深。

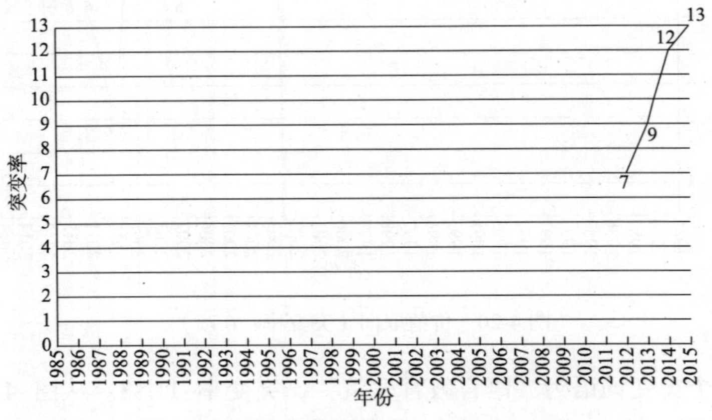

图 4-21　语言教育政策（突变率：11.83）

第十二个突变词语为“学前教育”，突变率 17.21。从图 4-22 可以看出，2011 年关键词“学前教育”开始突变，2013 年在文献中出现 11 次，频次最高，总体呈上升趋势，属于“最新型研究前沿”。2011 年以来的学前教育研究主要论述国外学前教育政策及启示、我国学前教育政策现状、演变和问题等，如陈幸军等采用问卷、实地观察等研究方法调查发现湖南省学前教育事业虽然发展迅速，但仍有格局欠合理等问题，并据此提出政策意见[③]；陈玥、薛娜娜介绍了美国奥巴马政府确立了高质量普及学前教育改革目标，并总结了改革的特点，如资金投入确保高度普及[④]；严仲连、何静指出部分农村学前教育面临教师素质低下、经费投入不足等困难，并提出需要在政策执行过程中完善相关措施[⑤]；王善安、杨晓萍指出美国为解决学前教育出现的问题，协调相关政策与法规，促进教育公平与多样性

① 高霞，Maxim P S. 加拿大语言政策对其民族语言教育的影响[J]. 民族教育研究，2014，25（3）：87-92.

② 王璐，尤铮. 英国少数民族语言教育政策理念演进及最新进展探析[J]. 民族教育研究，2014，25（4）：73-78.

③ 陈幸军，王喜海，黄建春，等. 湖南省学前教育发展现状与政策建议[J]. 学前教育研究，2011，（12）：18-23.

④ 陈玥，薛娜娜. 美国奥巴马政府学前教育政策改革的特点及启示[J]. 外国教育研究，2012，39（3）：16-22.

⑤ 严仲连，何静. 我国农村学前教育政策的实施现状与执行策略[J]. 东北师大学报（哲学社会科学版），2012，（5）：196-200.

发展[①]；魏军从文本分析视角对我国学前教育管理体制政策变迁进行了梳理，并揭示了学前教育管理体制改革的特点，指出对我国提高学前教育质量和效益具有启发意义[②]；王东基于中国现状，认为我国普惠性学前教育成本必须由国家、社会和家庭合理分担，并提出政策必须解决合法性、财政支持、国家供给的问题[③]；学前教育成本分担研究课题组通过调查数据分析了东中西部地区学前教育成本分担现状，并明确了今后的政策发展方向[④]。从 2011 年开始，对“学前教育”的研究增多，并且随着方法的成熟应用与政策的深度解读，对其的研究将会更为深刻。

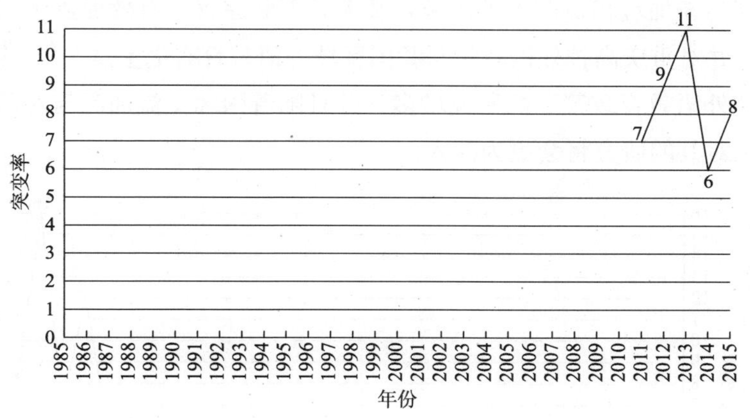

图 4-22 学前教育（突变率：17.21）

第十三个突变词语为“外语教育政策”，突变率 19.33。从图 4-23 可以看出，2010 年关键词“外语教育政策”开始突现，2014 年在文献中出现 16 次，频次最高，总体呈上升趋势，属于“最新型研究前沿”。2010 年以来的研究主要关注国外外语教育政策的演变和发展，国内多以实证调查方法探究外语政策的改革与发展，如秦涛通过研究澳大利亚外语教育的现状以期对我国外语教育改革有理论和实践借鉴意义[⑤]；程晓堂指出外语教育政策制定者应该懂语言学，了解语言

① 王善安，杨晓萍. 美国学前教育政策决策与执行模式述评[J]. 教育与教学研究，2013，（9）：112-115.

② 魏军. 对我国学前教育管理体制政策的回顾及其特点分析[J]. 内蒙古师范大学学报（教育科学版），2013，26（2）：22-25.

③ 王东. 普惠性学前教育：内涵与政策意蕴[J]. 教育科学，2014，30（2）：26-31.

④ 学前教育成本分担研究课题组. 我国东部、中部、西部学前教育成本分担现状分析与政策建议[J].学前教育研究，2015，（1）：26-35.

⑤ 秦涛. 澳大利亚外语教育政策现状及其启示[J]. 湖北经济学院学报（人文社会科学版），2011，8（11）：209-210，215.

学理论及意义等，同时主张在选择政策制定者时，应考虑语言学理论研究者①；龚献静介绍了美国高校成为国家语言资源与人才的储备库，并满足其在不同时期外交及经济发展的战略需要②；王美玲通过对欧盟的多元语言文化政策等外语教育政策进行回顾和分析，结合我国实际情况，探究外语教育的改革问题，并提供建议③；郭高攀基于德国外语教育实证研究，从标准、教师发展与教学多层面阐述了外语教育在德国的最新情况④；赵剑宏总结了内蒙古外语教育政策的发展历程，并分析了其语言课程的定位与目标⑤；罗志高、倪陈岑论述了第二次世界大战后的韩国与新加坡积极调整外语教育政策并不断完善，有效促进了国家经济与社会发展，并对重庆高校外语教学与我国区域外语教育有借鉴意义⑥。从 2010 年开始，对“外语教育政策”的研究增多，并且随着国际交流加深与对区域政策发展的关注，对其的研究将会更为深入。

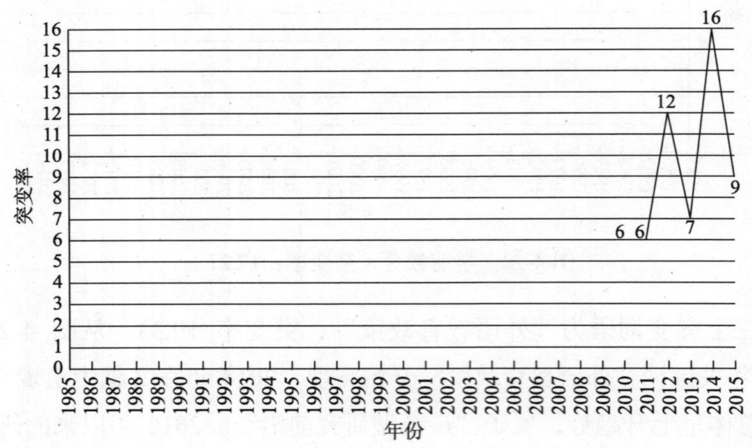

图 4-23　外语教育政策（突变率：19.33）

① 程晓堂. 语言学理论对制定我国外语教育政策的启示[J]. 外语教学与研究，2012，44（2）：298-307.

② 龚献静. 致力于建立国家语言资源和人才储备库——二战后美国联邦政府高校外语教育政策述评[J]. 外语教学与研究，2012，44（4）：596-598.

③ 王美玲. 欧盟语言政策对我国外语教育改革的启示[J]. 国家教育行政学院学报，2013，（12）：92-95.

④ 郭高攀. 基于研究项目分析的德国外语教育政策研究[J]. 内蒙古师范大学学报（教育科学版），2014，27（12）：23-25.

⑤ 赵剑宏. 内蒙古民族基础教育阶段外语教育政策发展历程[J]. 内蒙古师范大学学报（教育科学版），2014，27（7）：17-19.

⑥ 罗志高，倪陈岑. 韩国新加坡快速国际化中外语教育政策沿革及其启发[J]. 科教导刊（上旬刊），2015，（5）：7-8.

总之，我们选取有关教育政策学的 5 893 篇文献所引用的参考文献为研究对象，通过参考文献共被引分析法分析研究前沿的相关内容。活跃度较高（被引频次与中心度高）的文献反映了我们目前的研究兴趣，并可以揭示该学科领域内的知识前沿所在。不可否认的是，有大量研究已经对教育政策学的研究现状和发展趋势做了分析，但运用科学知识图谱方法通过将文献量化处理来研究教育政策学研究前沿的研究极为欠缺。因此，本章通过参考文献引文分析研究教育政策学研究前沿的变化并确定了具有影响力的经典文献和研究前沿主题。

但研究具有以下几点局限性：第一，数据收集过程中，要将数据转化为软件识别的格式，因此数据格式要全部通过手动修改，费时费力；第二，软件操作过程中由于软件自身的局限性或者电脑的配置等条件限制，可视化图的美观或清晰度受到影响，还要额外通过一些技术来弥补编辑美化或保存失真的问题；第三，在进行渐强型研究前沿、渐弱型研究前沿与最新型研究前沿分析时，对于关键词的合并也是一个较为烦琐的步骤，如“师范生”、“免费教育”与“师范生免费教育”需进行合并等；第四，操作过程中指标的选取可能会导致一小部分文献的流失；等等。

随着现代科学信息技术的发展，共被引分析已经成为知识图谱研究中最具特色和流行的一种研究方法，虽然一些技术缺陷目前还无法克服，但其基本功能确实为我们提供了研究工具，打破了传统意义上的定性文献分析研究前沿的方法，为教育政策的决策者提供有效的政策参考。

四、研究结论

通过对我国 1985—2015 年的教育政策学较为科学化的回顾总结，可以发现，我国教育政策学研究取得了显著成绩，并且产生了一系列有影响力的文献，为以后的教育政策学的深入发展积累了丰富的研究资料。

（一）研究视野由本土走向国际

自 20 世纪 80 年代以来，中国教育政策学就已经开始关注国外的教育政策研究成果，以期能够吸收国外优秀成果，提高政策分析的理论高度，加强实践指导意义。在本章的分析中，可以看出许多国内的研究成果都体现了积极关注国外相应的进展动态，如比较世界各国私立学校相关政策、政策模型理论的异同等。还有一些学者更多地关注美国的教育政策，尤其是在近几年关注力度加大，2010 年之前的研究主要侧重于对美国历史上的法案进行分析研究，从中找寻中国教育政策的发展路径，2014 年以来大多研究主要围绕经济发展状况分析教育政策的变迁并重点介绍美国高等教育和财政政策等。总之，国内的政策性研究更加密切关注国外研究动态，体现了开放与包容的心态，通过与本土发展特色有机结合，有利于促进我国具有中国特色的教育事业的发展。

（二）研究内容由宏观走向微观

通过对 30 年以来的中国教育政策学相关文献资料的前沿研究分析，可以发现学者们的研究内容逐步由宏观层面走向微观层面。2000 年之前，多数政策研究侧重于从整体出发，关注教育政策的本质、教育政策问题界定、教育政策价值分析及国际比较研究。2000 年之后，越来越多的政策研究开始更多关注具体问题，如学前教育政策、义务教育政策、职业教育政策、师范生免费教育政策等。同时，通过对渐强型、渐弱型和最新型研究前沿的分析，可以看出学者们对教育公平、义务教育、教师教育、职业教育、学前教育等主题的关注度仍会不断加大。近年来，随着国家对职业教育、学前教育的热切关注，同时国际交流不断深入，相关研究成果会愈加丰富。

（三）研究方法由单一走向多元

研究方法是衡量一门学科成熟与否的重要指标之一。从 30 年以来我国教育政策学的研究前沿来看，在研究方法上有了重大突破。首先，2005 年之前，大多研究采用单一的定性方法，事实描述多，综合分析多，2005 年之后，开始有研究采取实证方法研究教育政策，如通过调查取证进行统计验证，科学总结问题所在，并针对问题提出对策建议等；其次，既有综合研究，如对世界各国高等教育政策的比较研究，也有基于国内某一地区的政策实施研究；最后，既有基于历史文献法对于中华人民共和国成立以来教育文献的相关政策研究，也有基于比较法的国际私立学校比较研究。总之，对研究方法的运用与改善更多地体现在以“证据”为本，更多地发现我国教育政策各环节中存在的问题，繁荣教育政策学的研究体系。

第五章
中国教育政策学合作网络的知识图谱

随着经济全球化和科学技术的不断发展，科研合作已经成为科学生产的一种主流趋势。而作者间科研合作的一个重要表现就是通过论文合著的形式展示研究成果。就目前而言，科研合作研究可以分为三个层面：国家之间的合作（宏观层面）；机构之间的合作（中观层面）；个人之间的合作（微观层面）。①国家之间的合作是以国际合著论文为研究对象，在现代化的今天，伴随着人们交流的便利，这种现象已经越来越普遍。机构之间的合作是以不同大学、科研院所等合作机构为研究对象，研究它们在某一思想产生、传播过程中所扮演的角色、所起的作用。个人之间的合作是以不同科研人员间合著论文为研究对象，研究不同专业背景、不同学科经历的科研人员之间的合作对科学研究的突出贡献。

据统计，1901—1972 年的 286 位诺贝尔奖获得者中，有 185 位是通过与他人合作研究而得奖的②。20 世纪 90 年代以来，美国的一些期刊发表的论文的合著率也较高，如《科学》高达 90%，《物理评论快报》也高达 88%③。相比这些数据，我国总体上论文合著情况可能还处于低水平阶段，尤其是在 20 世纪中期以前，但随着技术的发展、科研合作水平的提高及科研合作需求的不断增长，20 世纪末我国文献合著的比例已经超过 50%。教育政策学作为一门融合学科，已经成

① Glanzel W. Coauthorship patterns and trends in the science（1980-1998）：a bibliornetric study with implications for data-base indexing and search strategies[J]. Library Trends，2002，50（3）：461-473；Kretschmer H. Author productivity and geodesic distance in biblioyaphic co-authorship networks，and visibility on the web[J]. Sciermrnetrics，2004，60（3）：409-420.

② Zuckerman H. Scientific Elite：Nobel Laureates in the United States[M]. London：Transaction Publishers，1995：335.

③ Thagard P. Collaborative knowledge[J]. Nous，1997，31（2）：242-261.

为影响教育系统乃至整个社会能否持续健康发展的重要条件，它的制定、实施不仅需要教育理论界的参与，更需要其他学科背景的人及不同部门、机构的共同参与。不同作者及不同机构间的科研合作已经成为推动教育政策学健康发展的有效途径。研究教育政策领域内的作者合著、机构合作现象能够宏观可视化地展示现阶段我国教育政策学的学术合作现状、模式和特点，从而有助于吸收学科发展经验，促进知识间的流动和传播，更好地促进教育政策学领域的学术合作和创新。因此，我们以中国学术期刊网络出版总库作为数据来源，选择了1985—2015年的5 893篇教育政策文献，并利用社会网络分析法对我国教育政策领域内学者和机构的合作网络进行量化分析。

一、作者合作网络知识图谱分析

合作关系研究是传统的文献计量学研究领域的一个重要主题。但由于文献计量学的方法难以挖掘作者间的深层合作关系，难以从整体上把握社会合作网络的特征，逐渐被新兴的社会网络分析法所取代。社会网络分析法采用社会结构观的分析思想和方法，通过对网络中的节点及节点之间关系的分析来探讨网络的结构和属性特征，相比节点本身，社会网络分析法更注重节点之间的关系所反映的信息，重视整体结构与成员的互动行为及其相互影响力。石飞、庄海燕通过社会网络分析法构建作者间的合著关系网，不仅可以清晰地展现现阶段我国教育政策领域的作者合作状况，还可以借助一些指标分析来展现合作关系的作者圈、学术派系及不同子群之间的结构洞等。①因此本节中，笔者尝试从微观层面上来构建我国教育政策合作网络的知识图谱，以反映该学科领域作者合作的网络结构。

（一）数据选择与研究方法

1. 数据选择

采用中国学术期刊网络出版总库作为数据来源。为了保证查全率，利用主题字段进行检索，采用的检索主题为“教育政策”，时段设置为1985—2015年。通过人工检索，并剔除非正式文献类型后，共得到 5 893 篇文献，其中包含的作者

① 石飞，庄海燕. 社会网络分析理论研究[J]. 经济师，2010，（11）：31-32.

总数为 5 667 位（通过数据清洗去除了作者字段缺失的条目）。在这 5 893 篇文献中，经过人工计算，得到 1985—2015 年教育政策学的平均合著率为 34.58%，能够全面地反映合作网络所需的大样本数据统计。因此，以 1985—2015 年文献中的合著关系为样本，分析教育政策学合作网络的知识图谱是可行的。具体有关教育政策学 30 年（1985—2015 年）间 5 893 篇文献的合著信息见表 5-1。

表 5-1　1985—2015 年教育政策学文献合著信息表

项目	数值	比例
总文献数	5 893 篇	
单作者文献数	3 855 篇	65.42%
双作者文献数	1 702 篇	28.88%
多作者文献数	336 篇	5.70%
总作者数	5 667 个	
发文三篇以上（含三篇）	602 个	10.62%
发文两篇	1 111 个	19.60%
发文一篇	3 954 个	69.77%
总合著对数	1 711 对	
合著三次以上（含三次）	32 对	1.87%
合著两次	254 对	14.85%
合著一次	1 425 对	83.28%

从表 5-1 可以看出，1985—2015 年教育政策学的学术文献中，作者之间的合著是一种十分普遍的现象，但从具体的数值比例上来看，1985—2015 年教育政策学平均每篇文献有作者 0.96 位（5 667 ÷ 5 893）。其中，单作者文献数占到了总作者文献数的 65.42%，双作者文献数和多作者文献数占总作者文献数的比例依次为 28.88%和 5.70%。合著一次的占总合著对数的 83.28%，合著三次及三次以上的仅占总比的 1.87%。由此可见，教育政策学的科研合作还处于非常初级、欠优化的状态。

2. 研究方法

1）提取高产作者

本书通过词频分析方法对高产作者进行提取，主要借用的是 Bicomb 软件，将中国学术期刊网络出版总库中导出的编码为 ANSI、格式为 txt 的原始数据文本导入 Bicomb 软件中，按照关键字段为<作者>进行原始文件的作者提取，提取之后进行作者出现频次的统计。从统计的结果来看，5 893 篇文献的作者总数为

5 667位。根据普莱斯在其代表著作《小科学・大科学》一书中的论述“在同一主题中，半数的论文为一群高生产能力作者所撰，这一作者集合在数量上约等于全部作者总数的平方根”①。普莱斯定律用公式可以表示为

$$\sum_{1}^{i} n(i) = N^{1/2}$$

式中，N 为作者总数；$n(i)$ 是指排在第 i 位作者的发文量。在本书研究中，N=5 667，$N^{\frac{1}{2}}$ 约为 75，从数据提取结果来看，发文量不少于 7 篇的作者共有 79 位，但从实际合著情况来看，发文量不少于 7 篇不足以完全展示目前作者间合著的水平，说明从目前来看作者发文分布还不太符合普莱斯定律，因此为了更加清晰地展示作者间的合著情况，本章中选择了发文量不少于 5 篇的作者共 194 位，并将这 194 位作者视为本学科的高产作者。表 5-2 为 1985—2015 年频次大于 5 次的前 194 位作者的排序及其所在机构（部分）。

表 5-2　1985—2015 年高产作者排名表（部分）

排名	作者	出现频次/次	所在机构
1	杨润勇	31	中国教育科学研究院
2	李孔珍	29	首都师范大学
3	张力	27	国家教育发展研究中心
4	张乐天	24	南京师范大学
5	刘复兴	19	北京师范大学
6	黄忠敬	19	华东师范大学
7	石火学	17	福州大学
8	杨颖秀	17	东北师范大学
9	刘世清	17	华东师范大学
10	王琳	14	海南大学
11	吴政富	14	广西民族大学
12	祝怀新	14	浙江大学
13	薛二勇	13	北京师范大学
14	曹惠容	13	乐山师范学院
15	林小英	13	北京大学

① de Solla Price D J. Little Science，Big Science and Beyond[M]. New York：Columbia University Press，1965：79.

续表

排名	作者	出现频次/次	所在机构
16	胡春梅	12	北京师范大学
17	曲铁华	12	东北师范大学
18	杨启光	12	江南大学
19	王璐	12	北京师范大学
20	徐杰舜	12	广西民族大学
21	和震	12	北京师范大学
22	涂端午	12	北京大学
23	周满生	11	国家教育发展研究中心
24	唐燕儿	11	暨南大学
25	庞丽娟	10	北京师范大学
26	雷世平	10	长沙航空职业技术学院
27	龙春阳	10	北京科技大学
28	李玉静	10	浙江大学
29	洪成文	10	北京师范大学
30	张烨	9	北京师范大学
31	祁型雨	9	沈阳师范大学
32	徐玲	9	首都师范大学
33	邓旭	9	沈阳师范大学
34	汪明	9	国家教育发展研究中心
35	孙绵涛	9	沈阳师范大学
36	黄明东	9	武汉大学
37	吴华	9	浙江大学
38	彭虹斌	8	华南师范大学
39	周小虎	8	杭州幼儿师范学院
40	曹迪	8	首都师范大学
41	张学强	8	西北师范大学
42	袁振国	8	华东师范大学
43	陈学飞	8	北京大学
44	孙翠香	8	华东师范大学
45	邱小健	8	赣南师范学院
46	蒋园园	8	国家教育行政学院
47	邵泽斌	8	南京师范大学

续表

排名	作者	出现频次/次	所在机构
48	许建美	8	杭州师范大学
49	李军	8	华东师范大学
50	单中惠	8	华东师范大学
51	何杰	8	淮阴师范学院
52	周佳	8	黑龙江大学
53	邓凡	8	云南大学
54	张红	8	东北师范大学
55	谢少华	7	华南师范大学
56	杨东平	7	北京理工大学
57	鲍传友	7	北京师范大学
58	魏峰	7	南京师范大学
59	胡伶	7	华东师范大学
60	蔡文伯	7	石河子大学
61	谌启标	7	福建师范大学
62	高庆蓬	7	东北师范大学
63	彭江	7	四川外语学院
64	杨挺	7	西南大学
65	董天鹅	7	河南科技学院
66	周国平	7	西安外事学院
67	肖甦	7	北京师范大学
68	楼世洲	7	浙江师范大学
69	王智超	7	东北师范大学
70	曲正伟	7	东北师范大学
71	朱永坤	7	东北师范大学
72	夏婧	7	北京师范大学
73	王鉴	7	西北师范大学
74	衣华亮	7	南京信息工程大学
75	徐国庆	7	华东师范大学
76	张天雪	7	浙江师范大学
77	马陆亭	7	中华人民共和国教育部
78	范国睿	7	华东师范大学
79	罗志敏	7	武汉大学

续表

排名	作者	出现频次/次	所在机构
80	段素菊	6	北京联合大学
81	马建富	6	江苏技术师范学院
82	徐小洲	6	浙江大学
83	张国兵	6	北京大学
84	陆启光	6	顺德职业技术学院
85	王平	6	北京师范大学
86	郭扬	6	上海市教育科学研究院
87	贺武华	6	杭州电子科技大学
88	雷万鹏	6	华中师范大学
89	王培峰	6	南京特殊教育职业技术学院
90	徐绪卿	6	浙江树人大学
91	周彬	6	华东师范大学
92	陈静	6	华东师范大学
93	李晓强	6	中国教育科学研究院
94	阎凤桥	6	北京大学
95	陈丽	6	北京师范大学
96	张立军	6	东北师范大学
97	刘春生	6	天津大学
98	李均	6	深圳大学
99	李海萍	6	湖南师范大学
100	张振改	6	华东师范大学

注：作者所在机构是依据作者发文时所署名的单位来划分的

从表 5-2 可以看出，1985—2015 年高产作者排名第 1 的是杨润勇，发文量是 31 篇，发文量在 15 篇以上的有 9 个人（分别是杨润勇、李孔珍、张力、张乐天、刘复兴、黄忠敬、石火学、杨颖秀、刘世清），共发文 200 篇，占总发文量的 21%，30 年中平均每人发文 22.22 篇，可视为我国教育政策学的高产作者。表明在这段时间内，同等条件下他们是教育政策学领域发文量相对较多的作者，他们开拓了教育政策学研究的一些新领域，填补了研究空白，对教育政策学的问题进行了有创新意义的理论和实践研究。

这 9 位高产作者的单位分别是中国教育科学研究院、首都师范大学、国家教育发展研究中心、南京师范大学、北京师范大学、华东师范大学、福州大学、东北师范大学、华东师范大学，这些单位在教育政策学研究方面做出了突出贡献。

2）高产作者对

利用Bicomb软件将第一步中提取的194位高产作者制作成共现矩阵，此时的共现矩阵即194位作者间的合著矩阵，并将其导出为txt的格式进行保存。为方便下一步的数据处理，可将txt格式的合著矩阵转化成xlsx格式。在这个矩阵中，如果代表两个元素之间关系的位置上的元素为非零，表明这两个元素之间存在着关系（对角线上的数据除外），反之若为零，则表明这两个元素之间不存在关系。具体见表5-3。

表5-3 1985—2015年作者合著矩阵（部分）

	杨润勇	李孔珍	张力	张乐天	刘复兴	黄忠敬	石火学	杨颖秀	刘世清
杨润勇	31	0	0	0	0	0	0	0	0
李孔珍	0	29	3	0	0	0	0	0	0
张力	0	3	27	0	0	0	0	0	0
张乐天	0	0	0	24	0	0	0	0	0
刘复兴	0	0	0	0	19	0	0	0	0
黄忠敬	0	0	0	0	0	19	0	0	3
石火学	0	0	0	0	0	0	17	0	0
杨颖秀	0	0	0	0	0	0	0	17	0
刘世清	0	0	0	0	0	3	0	0	17

3）绘制知识图谱

采用软件Ucinet 6.0和Netdraw方法绘制作者合作网络知识图谱。首先将上一步保存的 xlsx 格式的合著矩阵导入 Ucinet 6.0 软件中进行文本数据格式的转换，将其保存为#h 格式，最后将#h 格式的文本数据导入 Netdraw 软件中，选File—Open—Ucinet—Dataset—Network 命令，对作者共现网络进行可视化。其中每一个节点的大小表示该作者的度中心性，也就是说，节点越大代表与之有合作关系的作者越多。

4）指标分析

本节主要采用的是社会网络分析法，借用 Ucinet 6.0 软件来构建我国教育政策领域作者间科研合作的可视化网络。网络主要由各个节点及节点间的连线构

成，其中每个节点代表了一个作者，节点间的连线代表作者彼此间存在合著关系。除了合著网络的直观展示外，还可以借用软件进行一些常用的指标分析，如网络直径（diameter）、网络密度（density）、中心性分析、凝聚子群分析、核心—边缘结构分析，这些指标的具体内涵及其特征如下。

第一，网络直径。网络直径是连通网络中两个节点间距离的最大值，即将网络中的任意一对节点连接起来最多需要多少步①。网络直径也能够很直观地告诉我们网络有多“大”。以笔者构建的我国教育政策学网络为例，经计算，我国教育政策学网络可达的最大组的网络直径为 4，这也就意味着，在这个组中要想达到任意一个作者的点，最多只需要 4 步。可以利用网络直径及路径的多少来分析节点之间关系的亲疏程度。如果两个节点之间的最短距离越大，表示信息传递不够流畅或者亲密程度低，其相互的影响程度也越小；反之，则说明这两个节点之间关系密切，具有高度的可靠性和稳定性①。

第二，网络密度。网络密度代表所有节点之间的实际联系与其所展示的所有可能存在的联系数量的比率②。网络密度反映的是节点间联系的紧密程度，网络密度越大，构建的合作网络中各节点间的联系越紧密，说明网络成员间彼此联系越紧密、信息交流越畅通、合作关系越强；反之，网络密度越小，构建的合作网络中各节点间的联系越稀疏，说明网络成员间彼此联系越欠缺、信息交流越不畅、合作关系越弱。

第三，中心性分析。“中心性”是社会网络分析的一项重要内容，是用来衡量一个成员在网络结构中的重要性与否的一项重要指标③。具体而言，中心性分析包括点度中心性（point centrality）、中间中心性（betweenness centrality）和紧密中心性（closeness centrality）三种计量方法。

其一，点度中心性。点度中心性表示一个行动者与其他行动者之间存在的直接关系。点度中心性的数值越大，表示该点在网络中拥有的“权力”越大。反之，点度中心性的数值越小，表示该点在网络中拥有的“权力”越小。这里的

① 吴晓伟，徐福缘，宋文官，等. 人际网络结构特征对竞争情报工作的启示[J]. 情报学报，2005，（6）：754-760.

② Kilduff M，Tsai W. Social Networks and Organizations[M]. London：Sage Publications，2003：35.

③ 栾春娟，刘泽渊，侯海燕. 发明者合作网络中心性对科研绩效的影响[J]. 科学学研究，2008，26（5）：938-941.

“权力”是指一个节点与其他节点的直接联系程度，反映在文献合著网络中，即一个作者与其他作者间的直接连线，如果连线数越多，那么该作者就处于中心地位，在这个网络中拥有较大的“权力”。

其二，中间中心性。中间中心性是指如果一个行动者在其他行动者交往网络的路径上，那么可以认为此人处于重要的地位，因为处于这种位置的个人可以通过控制或者曲解信息的传递而影响群体[①]。如果中间中心性的数值越高，表明该节点在交往网络中的控制力越强，缺少了该节点，可能会导致整个小组内合作网络的断裂；反之，如果中间中心性的数值越低，表明该节点在交往网络中的控制力越弱。

其三，紧密中心性。紧密中心性是指一个节点与其他节点相连时，依赖他人的程度。如果紧密中心性数值越大，表明该节点在信息传播中越不依赖他人，即与其他节点共现的概率越小；反之，如果紧密中心性数值越小，表明该节点在信息传播中对他人产生了越强的依赖，即该点越容易到达其他各点，因而在网络中处于核心地位。

第四，凝聚子群分析。凝聚子群分析是网络中的子集合，是网络中某些成员存在一种相对紧密、直接的关系以致形成的一个“小团体”[②]。凝聚子群分析也就是要对这些“小团体”进行分析，具体可从四个角度来处理：①关系的互惠性；②小团体成员之间的接近性或者可达性；③小团体内部成员之间关系的频次；④小团体内部成员之间的关系相对于内、外部成员之间关系的密度[③]。这些角度可通过 *K*-丛（*K*-plex）和凝聚子群密度来反映。

其一，*K*-丛。*K*-丛指当一个小团体的规模为 n 时，其中每个节点都至少与该凝聚子群中 $n-K$ 个节点有直接联系。每个点的度数至少为 $n-K$[④]。判断凝聚子群是否能构成一个 *K*-丛，主要是通过子图中所有点的度数来衡量，当子图中所有点的度数都不小于 $n-K$ 时，才能构成一个 *K*-丛，反之，则不然。

---

① 王超，许玉贵，蒋萍. 社会网络分析视角下的高等教育研究[J]. 云南农业大学学报（社会科学版），2013，7（2）：66-71.

② 蒋菲. 21 世纪中国课程与教学论的知识图谱研究[M]. 武汉：华中师范大学出版社，2015：132.

③ 陈悦. 创新管理知识图谱[M]. 北京：人民出版社，2014：17.

④ 俞淮. 面对武器贸易关系的社会网络分析技术研究[D]. 国防科学技术大学硕士学位论文，2011：10.

其二，凝聚子群密度。凝聚子群密度等于子群密度与整个网络密度的比率，是衡量小团体现象是否严重的重要指标。该指标的取值范围为[−1，1]。该值越趋向于 1，表示子群体之间关系越趋向于发生在群体之外，派系林立的程度也就越高；该值越趋向于−1，表示子群体之间关系越趋向于发生在群体之内，派系林立的程度越大；该值越趋向于 0，表明关系越趋向于随机分布，看不出派别林立的情形[①]。

第五，核心—边缘结构分析。核心—边缘结构分析主要是通过构建核心—边缘矩阵，把整个网络中的节点分为核心区域和边缘区域，来分析哪些节点处于核心区域，哪些节点处于边缘区域。处于核心区域的节点在网络中扮演着重要的角色、占有重要的地位。

（二）作者合作网络的整体特征

从图 5-1 可以看出，用 Netdraw 画出的作者合作网络图共包含了 60 个节点，38 条关系（去除了没有与其他作者产生合作关系的孤立点之后得到的数据）。从整体合著关系网络来看，1985—2015 年教育政策学 194 位高产作者形成的合著网络图谱整体联系稀疏，仅存在少数小范围内的团体合作，第一个小团体是以张力为中心，由李孔珍、洪成文、徐志勇、李钢、韩民等共 6 位作者形成的；第二个小团体是以黄忠敬为中心，由刘世清、周彬、陈静等共 4 位作者形成的；第三个小团体是以杨颖秀为中心，由张红、王智超、高庆蓬、曲正伟等共 5 位作者形成的。下面将具体通过 Ucinet 6.0 软件分别对直径、密度、中心性、凝聚子群和核心—边缘结构进行分析，并对分析所得结果进行讨论。

1. 网络的整体结构与特征

1）直径

经过计算，教育政策学合作网络的最大组网络直径是 4，这就意味着，在这个最大组中要想达到任意一个节点，最多需要 4 步就可达到，这说明教育政策学合作网络的“圈子”比较小。

① 张世怡，刘春茂. 中文网站社会网络分析方法的实证研究[J]. 情报科学，2011，（2）：246-252.

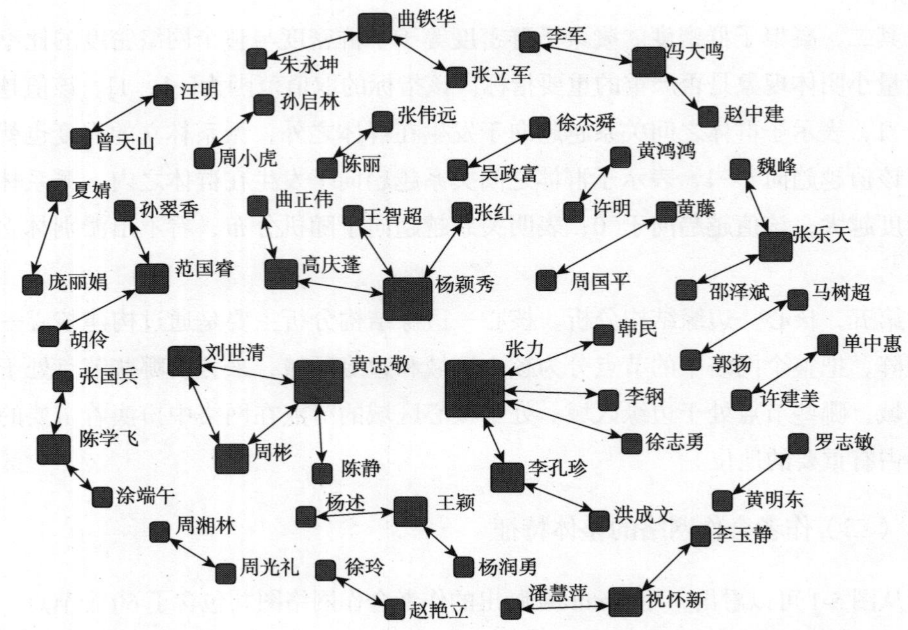

图 5-1　1985—2015 年教育政策学作者合作网络的知识图谱

2）密度

作者间合著网络密度反映的是节点间联系的紧密程度。可通过 Ucine，选择Network—Cohesion—Density命令，计算作者合作网络的密度，结果如图 5-2 所示。

```
DENSITY / AVERAGE MATRIX VALUE
--------------------------------------------------------------------------------

Input dataset:          教育政策频次大于5 (F:\软件ucinet\Ucinet 6\datafiles\"F:\软件ucinet\Ucinet 6\DataFiles\教育政策频次大于5)
Output dataset:         教育政策频次大于5-density (F:\软件ucinet\Ucinet 6\datafiles\教育政策频次大于5-density)


                        Avg Value     Std Dev
                        ---------     -------
教育政策频次大于5          0.0059      0.1610

----------------------------------------
Running time:  00:00:01
Output generated:  08 七月 17 09:36:29
Copyright (c) 1999-2008 Analytic Technologies
```

图 5-2　合著网络密度结果

从图 5-2 可以看出，作者合作网络密度为 0.005 9，表明教育政策学合作网络十分松散，节点之间的联系程度较低。这也与前期作者字段数据整理中，独立作者的人数较多，占比较大（65.42%）相一致。作者间合作概率低可能与教育政策学自身的学科性有关，该学科正处于发展阶段，多数作者对该领域的研究处于起步阶段，合作相对较少。

3）度中心性

度中心性表示一个行动者与其他行动者之间存在的直接关系，如果点度中心性大，表示该点在网络中拥有很大的“权力”①。可通过 Ucinet，选择 Network—Centrality—Degree 命令得到表 5-4，即教育政策学合作网络的度中心性分析结果。从表 5-4 展示的结果来看，点度中心性最高的是徐杰舜和吴政富，二者的绝对点度中心性均为 12，表明徐杰舜和吴政富与网络中的 12 位作者一起合著发表过文献。

表 5-4 教育政策学合作网络的度中心性

中心性排名	作者	绝对点度中心性	相对点度中心性
20	徐杰舜	12	0.518
11	吴政富	12	0.518
12	祝怀新	9	0.389
2	李孔珍	9	0.389
8	杨颖秀	9	0.389
3	张力	8	0.345
6	黄忠敬	7	0.302
69	王智超	6	0.259
29	洪成文	6	0.259
25	庞丽娟	5	0.216
79	罗志敏	5	0.216
43	陈学飞	5	0.216
72	夏婧	5	0.216
62	高庆蓬	5	0.216
36	黄明东	5	0.216
32	徐玲	5	0.216
181	潘慧萍	5	0.216
176	赵艳立	5	0.216

① 王超，许玉贵，蒋萍. 社会网络分析视角下的高等教育研究[J]. 云南农业大学学报（社会科学版），2013，7（2）：66-71.

续表

中心性排名	作者	绝对点度中心性	相对点度中心性
4	张乐天	4	0.173
70	曲正伟	4	0.173
28	李玉静	4	0.173
110	张伟远	4	0.173
91	周彬	4	0.173
9	刘世清	4	0.173
95	陈丽	4	0.173
66	周国平	4	0.173
122	黄藤	4	0.173
22	涂端午	3	0.13
39	周小虎	3	0.13
17	曲铁华	3	0.13
118	王颖	3	0.13
132	孙启林	3	0.13
78	范国睿	3	0.13
139	冯大鸣	3	0.13
108	韩民	3	0.13
58	魏峰	2	0.086
49	李军	2	0.086
109	许明	2	0.086
102	杨述	2	0.086
138	黄鸿鸿	2	0.086
123	周光礼	2	0.086
184	周湘林	2	0.086
47	邵泽斌	2	0.086
54	张红	2	0.086
59	胡伶	2	0.086
96	张立军	2	0.086
83	张国兵	2	0.086
34	汪明	1	0.043
1	杨润勇	1	0.043

续表

中心性排名	作者	绝对点度中心性	相对点度中心性
133	赵中建	1	0.043
159	马树超	1	0.043
86	郭扬	1	0.043
141	曾天山	1	0.043
44	孙翠香	1	0.043
121	李钢	1	0.043
50	单中惠	1	0.043
48	许建美	1	0.043
125	徐志勇	1	0.043
92	陈静	1	0.043
71	朱永坤	1	0.043

表 5-5 是教育政策学合作网络的点度中心性和文献数量分别排在前 20 位的作者对比，可以看出，两者具有很大的相似性，表明发表文献比较多的作者与他人的合作也相对比较频繁，在前 20 位作者中，共有 7 位作者发文数量较多而且点度中心性也较高，如徐杰舜、吴政富、祝怀新、李孔珍、杨颖秀、张力、黄忠敬。

表 5-5　教育政策学合作网络的点度中心性和文献数量位于前 20 位的作者

排序	作者	点度中心性	排序	作者	发文数量
1	徐杰舜	12	1	杨润勇	31
2	吴政富	12	2	李孔珍	29
3	祝怀新	9	3	张力	27
4	李孔珍	9	4	张乐天	24
5	杨颖秀	9	5	刘复兴	19
6	张力	8	6	黄忠敬	19
7	黄忠敬	7	7	石火学	17
8	王智超	6	8	杨颖秀	17
9	洪成文	6	9	刘世清	17
10	庞丽娟	5	10	王琳	14

续表

排序	作者	点度中心性	排序	作者	发文数量
11	罗志敏	5	11	吴政富	14
12	陈学飞	5	12	祝怀新	14
13	夏婧	5	13	薛二勇	13
14	高庆蓬	5	14	曹惠容	13
15	黄明东	5	15	林小英	13
16	徐玲	5	16	胡春梅	12
17	潘慧萍	5	17	曲铁华	12
18	赵艳立	5	18	杨启光	12
19	张乐天	4	19	王璐	12
20	曲正伟	4	20	徐杰舜	12

4）中间中心性

相比点度中心性而言，中间中心性可以很好地反映一个作者在整个网络中与所有作者的联系，即该作者在整个合作网络搭建中起到的重要作用。中间中心性的数值越大，说明该作者在整个合作网络搭建过程中所起的桥梁作用越大，缺少他可能会导致整个合作网络连接的中断。可通过 Ucinet，选择 Network—Centrality—Freeman Betwenness—Node Betwenness 命令，得到表 5-6。从表 5-6 中展示的数据来看，张力、杨颖秀、李孔珍、高庆蓬、黄忠敬相比其他作者而言具有较高的中间中心性，尤其是张力的中间中心性数值为 9，说明他们在整个教育政策学合作网络中起着核心作用，能够紧密联系其他作者，同时也说明他们在教育政策学研究中掌握了较多的研究资源，控制资源的能力较强。但就整体数据来看，有很大一部分作者的中间中心性数值为零。例如，前 194 位作者中有 182 位作者的中间中心性为零，占作者总数的 93.8%，这也说明了大多数的作者并不具备控制资源的能力。

表 5-6　中间中心性前 20 位作者

排序	作者	中间中心性
1	张力	9
2	杨颖秀	5
3	李孔珍	4
4	高庆蓬	3

续表

排序	作者	中间中心性
5	黄忠敬	2
6	陈学飞	1
7	张乐天	1
8	王颖	1
9	曲铁华	1
10	祝怀新	1
11	冯大鸣	1
12	范国睿	1
13	杨润勇	0
14	王琳	0
15	薛二勇	0
16	吴政富	0
17	胡春梅	0
18	刘复兴	0
19	石火学	0
20	徐杰舜	0

5）紧密中心性

计算紧密中心性时，合作网络必须是完全相连图形，即每个节点都和网络中其他所有节点有联系。否则，有些节点和其他节点之间根本没有联系，它不能达到其他任何节点，也就没有距离可言。一个点越是孤立，它和其他节点之间距离的总和就越小。根据紧密中心性的计算方法，其紧密中心性反而越大。很明显，这违背了定义紧密中心性的初衷[①]。图 5-1 不是一个完全相连图形，因此不能进行紧密中心性的计算，只能先进行成分分析，因为成分是网络中最大的相连子图。

从表5-7可以看出成分1包含的作者数目最多，说明张力能以最短的路径到达其他作者，在网络中处于比较核心的地位。结合前文分析结果可知，张力的中间中心性和紧密中心性都居第一位，其发表的论文数量居第三位，说明与他有合著关系的作者也是最多的。

① 罗家德. 社会网分析讲义（清华社会学讲义）[M]. 北京：社会科学文献出版社，2005:156.

表 5-7 教育政策学合作网络的（主成分）分析结果

排序	三位及以上合作作者
1	张 力 李孔珍 洪成文 徐志勇 李 钢 韩 民
2	杨颖秀 高庆蓬 曲正伟 王智超 张 红
3	黄忠敬 刘世清 周 彬 陈 静
4	王 颖 杨 述 杨润勇
5	陈学飞 张国兵 涂端午
6	范国睿 胡 伶 孙翠香
7	朱永坤 曲铁华 张立军
8	冯大鸣 李 军 赵中建
9	张乐天 魏 峰 邵泽斌
10	祝怀新 李玉静 潘慧萍

6）*K*-丛

如果一个 *K*-丛的规模为 *n*，那么该丛中的成员就与至少 *n*−*K* 个其他成员有直接关系。可通过 Ucinet，选择 Network—Subgroups—*K*-plex 命令，将 value of *k* 的值设为 2，minimum size 的值设为 3，得到表 5-8。从表 5-8 的分析结果来看，2-丛的规模都比较小，大部分 2-丛的规模都为 3，这说明大部分的作者至少和其所属的丛中至少其他 1 位作者有直接联系，合作的范围并不是很广泛。根据软件计算，当把 minimum size 的值设为 4 时，此时的 2-丛就得不到数据结果，说明合作网络中规模为 4 的 2-丛不存在。

表 5-8 教育政策学合作网络的 2-丛分析结果

序号	姓名		
1	杨润勇	杨述	王颖
2	李孔珍	张力	洪成文
3	李孔珍	张力	韩民
4	李孔珍	张力	李钢
5	李孔珍	张力	徐志勇
6	张力	韩民	李钢
7	张力	韩民	徐志勇
8	张力	李钢	徐志勇
9	张乐天	邵泽斌	魏峰
10	黄忠敬	刘世清	周彬
11	黄忠敬	刘世清	陈静

续表

序号	姓名		
12	黄忠敬	周彬	陈静
13	杨颖秀	张红	高庆蓬
14	杨颖秀	张红	王智超
15	杨颖秀	高庆蓬	王智超
16	杨颖秀	高庆蓬	曲正伟
17	祝怀新	李玉静	潘慧萍
18	曲铁华	朱永坤	张立军
19	涂端午	陈学飞	张国兵
20	孙翠香	胡伶	范国睿
21	李军	赵中建	冯大鸣

7）凝聚子群密度

凝聚子群密度主要用来衡量一个大的网络中“小团体”现象是否十分严重①。可通过 Ucinet，选择 Network—Cohesion—E-I Index 命令，得到凝聚子群的密度值，结果如表 5-9 所示。

表 5-9 凝聚子群密度分析结果

项目	频次	比例	可能出现的最大关系值	网络密度
派别内	74	0.949	36 672	0.002
派别间	4	0.051	770	0.005
指数	−70	−3.897	5 902	−0.959

从表 5-9 可以看出，指数密度是−0.959，即教育政策学的凝聚子群密度非常接近−1，表明教育政策学合作网络中子群体之间关系趋向于发生在群体之内，同时也可以判定出该群体之间存在很严重的派系。这样一来，处在子群体内部与外部的成员之间在信息分享和科研合作方面的交往很受阻碍，不利于教育政策学的未来发展。

8）核心—边缘结构分析

核心—边缘结构分析可以将整个研究群体分为核心行动者和边缘行动者。核

① 张世怡，刘春茂. 中文网站社会网络分析方法的实证研究[J]. 情报科学，2011，29（2）：246-252.

心行动者之间关系很紧密，可以构成凝聚子群，边缘行动者与其他成员之间不存在关系，因而不构成子群，但并不表示他们不与核心成员构成关系。①经过计算，我国教育政策学合作网络核心—边缘结构分析的结果如下：13 位作者位于核心位置，剩余的 181 位作者位于边缘位置。核心作者群中，发表论文最多的作者有 27 篇文献，其他的 12 位作者也都处于高产作者排名表中，说明处于核心的位置的作者大多也是高产作者。

2. 网络的节点分析

通过对图 5-1 中的重要节点的学术背景情况进行探究，我们可以发现在 1985—2015 年教育政策学主要存在如下合著类项。

1）“师生间”合著网络

“师生间”合著网络是指由教师和学生两个节点构成的网络类型。教师多指硕士生、博士生导师，学生多指在校的本科生、硕士、博士。这种师生间的合著形式，有利于将教师与学生凝聚在同一课题下，使学生在导师的帮助下快速地进入研究领域，习得该领域的研究范式。但这种合著形式也存在不利于建立持久稳定的合作关系的弊端，如随着学生的毕业，有些合作关系就可能中断，主要还是因为研究人员的流动性太大。在图 5-1 的作者合作网络中可以看出，典型的“师生间”合作主要表现在以国家教育发展研究中心的张力、华东师范大学的黄忠敬、东北师范大学的杨颖秀为中心的师生间合作，张力作为国家教育发展研究中心主任、研究员、博士生导师，充分利用自己的资源和能力优势，与多位作者有过合著关系，其中包括与北京师范大学博士生李钢的合作；黄忠敬作为华东师范大学的博士生导师，1985—2015年发表过19篇教育政策方面的相关论文，并带领硕士研究生陈静一起做科研、搞学术、合著论文；同样东北师范大学的博士生导师杨颖秀也是教育政策领域的高产作者，30年来发表过17篇相关文献，这其中就包括与博士生王智超的合作，并成功发表了研究成果。

2）“同事间”合著网络

“同事间”合著网络作为我国教育政策领域内一种重要的作者间合作形式，主要是指同一高校内或同一研究机构内不同成员间由于合著论文而构成的

---

① 王超，许玉贵，蒋萍. 社会网络分析视角下的高等教育研究[J]. 云南农业大学学报（社会科学版），2013，7（2）：66-71.

合作形式。在这种合作网络中，网络的整体规模一般较小，每个网络涉及的节点个数也非常有限，但是网络中各个成员间的关系一般非常紧密，选择的研究领域也能够紧紧抓住前沿与热点，能够为当下存在的现实问题的解决提供有力的指导。在图 5-1 的作者合作网络中可以看出，“同事间”合著的典型代表可以明显地分为两大中心：一是以研究机构为中心的合作类型。例如，国家教育发展研究中心的张力与韩民之间的合作；中国教育科学研究院的杨润勇与王颖之间的合作。二是以同一高校为中心的合作类型。例如，北京大学的陈学飞与涂端午的合作及陈学飞与张国兵的合作，他们三人都就职于北京大学教育学院，形成了比较稳定的合作关系，分别合著过多篇文献；华东师范大学的黄忠敬和周彬的合作及东北师范大学的两个博士研究生高庆蓬与曲正伟间的合作。从以上的合作关系来看，“同事间”的合作多以单线合作居多，成员之间相互合作的较少，这也就意味着未来我们需要努力打破网络锁定效应，多尝试与有共同研究兴趣的不同同事之间的合作，彼此间借鉴吸收，形成一种开放式的合作网络。

3）“不同机构同行间”合著网络

“不同机构同行间”合著网络主要是指同一行业的两位甚至多位作者虽处于不同机构，但因为共同的研究兴趣或同一课题研究的需要而组成的合作形式。从图 5-1 的作者合作网络来看，“不同机构同行间”的合作在网络数量上来看并不多，如国家教育发展研究中心的张力与首都师范大学的李孔珍曾因为相似的专业研究背景和同一课题研究的需要多次建立合作关系；首都师范大学的李孔珍与北京师范大学的洪成文之间的合作。从以上的分析来看，虽然现代化的信息技术为我们的合作研究提供了很大便利，但现实中还是会受到地域、距离、研究背景等的影响，就近建立合作关系的群体比较多。未来随着思想交流的碰撞及学术合作的广泛化，相信这种局势会得到改观。

（三）研究结论

1. 作者合作网络连通性较低

从作者合作网络的知识图谱来看，1985—2015 年教育政策领域作者的合作网络连通性较低。教育政策学合作网络的“圈子”较小，大部分作者只有一个合作人，合作程度不高，合作范围狭窄，规模超过 2 人的团体只有 10 个，网络中存在严重的派系。因此，子群体内部与外部的成员之间的交流与合作受到阻碍。

2. 个体分散化现象严重

通过对中心性与发文量的分析对比可知，教育政策学合作网络中，具有较高中心性的作者发文量较多，两者具有很大的相似性。同时，高产作者与他人的合作也较为频繁。但整个网络中大多数作者不具备掌控资源的能力，不利于作者间的交流与合作。

3. 作者合作网络的合著类型，呈现出多样性

教育政策学合作网络中主要有以下三种合作类型：师生间的合作、同事间的合作、不同机构同行间的合作。从1985—2015年教育政策学作者合作网络的知识图谱可以看出，主要是以导师与研究生之间的合作为主，其他两种合作类型较少。因此，作者合作网络类型虽然呈现多样性，但也存在不均衡性。

二、机构合作网络知识图谱分析

随着可视化网络分析技术的不断发展，复杂网络一词逐渐流行起来，它既不同于规则网络也不同于随机网络，而是一种具有统计特征的网络。我们学术领域的科研合作关系就可以抽象成一个复杂的网络，我们常见的分析科研合作关系主要从作者与机构两个角度切入，在第一节中我们已经基于 Ucinet 软件对作者间的合作与交流进行了重点探讨。在此，我们重点借用 CiteSpace Ⅲ软件对机构之间的合作关系进行探讨，同时针对 CiteSpace Ⅲ软件在分析机构合作方面的不足，进一步借用 Ucinet 软件对机构间的合作关系进行清晰呈现。这里的机构是指教育政策学的发文单位，包括大学、研究所或其他单位。在对这些发文单位在 1985—2015 年有关教育政策领域的合作情况进行数字化统计的基础之上用清晰的图形展现出来。

（一）数据选择与研究方法

我国教育政策学机构合作网络知识图谱分析的数据来源同样是以中国学术期刊网络出版总库为依据，时段设置为 1985—2015 年，最终筛选出 5 893 篇文献。为了规范机构数据，在数据处理中，主要从以下两个方面对文献的机构数据进行

分析：一方面，将二三级机构与一级机构合并，并统一用一级机构代替，如北京师范大学教育管理学院合并为北京师范大学；华东师范大学教育科学学院合并为华东师范大学；西南大学教育学部合并为西南大学；陕西师范大学教育学院合并为陕西师范大学。另一方面，统一同一机构的不同名称，如教育部统一为中华人民共和国教育部；教育部教育发展研究中心统一为国家教育发展研究中心；将西南师范大学与西南农业大学（2005 年合并为西南大学）统一为西南大学。通过数据清洗后，将样本数据导入 Bicomb 软件中进行机构数目的提取与统计，发现样本数据中共包含机构 2 259 个，其中只发表一篇文献的机构有 1 440 个，占机构总数的 50.46%。

用信息可视化软件 CiteSpace Ⅲ对所收集的样本数据进行处理分析，将 5 893 篇论文及其所有机构信息输入该软件，即将清洗后的样本数据直接导入 CiteSpace Ⅲ软件中，选择关键路径算法，时段设置为 1 年，网络节点确定为发文机构，开始运行软件，构建 1985—2015 年我国教育政策学的机构合作网络，生成图 5-3。在图 5-3 中，每个节点代表一个机构，机构之间的连线代表机构之间有过合作。经过计算可以发现，1985—2015 年我国教育政策学的机构合作网络共有 599 个节点，83 条连线，网络整体密度是 0.000 5。

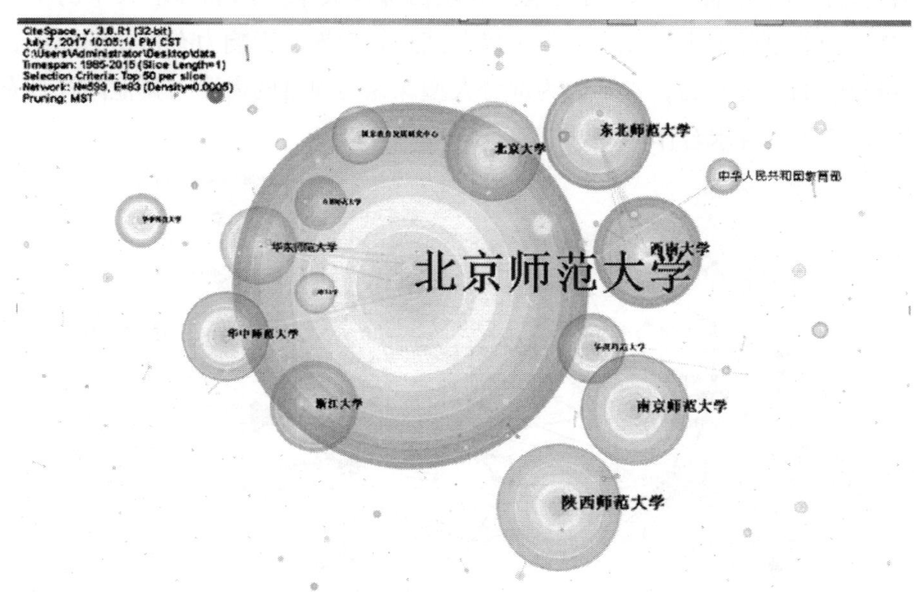

图 5-3　1985—2015 年我国教育政策学机构合作知识图谱

（二）机构合作网络的整体特征

在图 5-3 中，不同的节点代表不同的研究结构，节点向外延伸的不同颜色圆圈描述了该机构在不同年份的发文时间序列，圆圈厚度与相应年份的发文数成正比。从图 5-3 可以看出，北京师范大学、华东师范大学、南京师范大学、陕西师范大学、东北师范大学、北京大学、西南大学、浙江大学是整个网络中心度最大的节点，它们在我国教育政策学机构合作网络中发挥着重要作用。

为了更加直观地展示不同机构之间的合作情况，我们再一次采用了 Ucinet 6.0 软件里面的 Netdraw 功能，构建了我国教育政策学机构合作网络图，见图 5-4。图 5-4 为我们描绘了 1985—2015 年教育政策领域具有较大影响力的学术机构及其相互之间的合作关系。从图 5-4 可以看出，我国教育政策学合作的机构小团体比较少，大部分机构均参与到以北京师范大学、西南大学、陕西师范大学、华东师范大学、南京师范大学等为首的合作大团体中，而其中以北京师范大学为中心形成的全国性的合作网络尤其明显。例如，北京师范大学与东北地区的东北师范大学、吉林大学的学术合作；与华北地区的北京联合大学、北京科技大学的学术合作；与华南地区的广州大学、暨南大学的学术合作；与西南地区的西南大学、四川师范大学的学术合作；与西北地区的陕西师范大学、西北师范大学的学术合作。这也与北京师范大学在全国学术界尤其是教育界的影响力有密切的关系，由于自身较强的研究实力，常常因为部分大型课题与项目的需要与其他同样具有高水平的研究机构寻求合作。

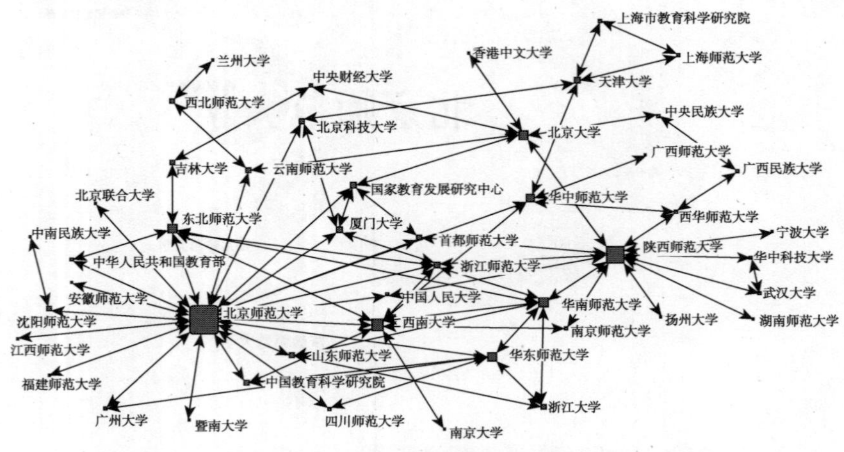

图 5-4　1985—2015 年我国教育政策学机构合作网络图

从图 5-4 中还可以看出，北京师范大学除了与高校有合作研究，还与国家教育发展研究中心、中国教育科学研究院、中华人民共和国教育部有着密切的合作关系，这也体现了北京师范大学在我国教育政策学研究中的决策中心地位。

除了图形的直观展示，我们还可以借助 CiteSpace Ⅲ软件生成的表 5-10，从具体的数值上精确地分析各个机构在教育政策学领域的贡献。

表 5-10　1985—2015 年我国教育政策学高产机构表

发文量	中心度	机构	年份
484	0	北京师范大学	2000
319	0	华东师范大学	2004
160	0	东北师范大学	1999
152	0	西南大学	1998
143	0	北京大学	2001
134	0	华中师范大学	2000
132	0	南京师范大学	2006
131	0	浙江大学	2001
119	0	华南师范大学	2003
104	0	西北师范大学	1998
93	0	首都师范大学	2000
93	0	厦门大学	2003
92	0	华中科技大学	2006
81	0	中华人民共和国教育部	2013
80	0	湖南师范大学	2001
79	0	沈阳师范大学	2004
79	0	浙江师范大学	2001
73	0	中国教育科学研究院	1999
68	0	中国人民大学	2011
59	0	陕西师范大学	1999
55	0	武汉大学	1998
54	0	中央民族大学	2007
51	0	国家教育发展研究中心	2001
45	0	清华大学	2008

续表

发文量	中心度	机构	年份
44	0	福建师范大学	2008
43	0	河南大学	2010
43	0	广西师范大学	2000
43	0	暨南大学	2007
41	0	云南师范大学	2002
41	0	上海师范大学	2012
40	0	广西民族大学	2011
35	0	上海市教育科学研究院	2004
34	0	西安交通大学	2009
33	0	河北大学	2005
29	0	石河子大学	2002
29	0	南京大学	2004
27	0	江西师范大学	2006
27	0	天津大学	2011
26	0	中南民族大学	2010
26	0	国家教育行政学院	2004
26	0	复旦大学	1999
26	0	广西大学	2007
25	0	四川师范大学	2011
25	0	同济大学	2005
25	0	福州大学	2006

从表 5-10 可以看出，所有机构的中心度都为零，说明我国教育政策领域机构间合作的孤立点较多，网络间联系较为稀疏，机构间合作发文的数量并不多。北京师范大学在发文量方面位居榜首，这与北京师范大学拥有我国教育政策领域的一批领军人物，如杨润勇、刘复兴、胡春梅等是密不可分的。

（三）典型机构分析

我们选取典型机构从个体和网络两方面进行分析，年份为 1985—2015 年，个体分析包括机构的发文量分析，网络分析包括机构的度和聚集系数（cluster coefficient）分析。综合考量了各个机构的发文量及与其他机构的合作关系后，选

取了七个典型机构：北京师范大学、华东师范大学、西南大学、北京大学、南京师范大学、陕西师范大学、东北师范大学。

1. 个体分析

图 5-5 为 1985—2015 年典型机构的文献数统计。从图 5-5 可以看出，北京师范大学的发文量最多，高居榜首；其次是华东师范大学，虽与北京师范大学相比在发文量方面还有一定的差距，但相比其他 5 所学校还是遥遥领先。北京大学、东北师范大学、西南大学、南京师范大学在发文量方面总体上持平。

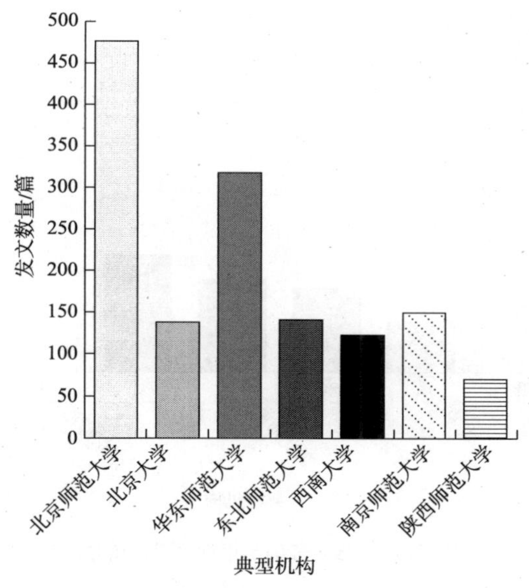

图 5-5　1985—2015 年典型机构发表文章的数量

2. 网络分析

由以上的分析来看，典型机构的发文量只能为我们展示 1985—2015 年各个机构的学术成果即发表的文献数量，并不能很好地为我们呈现各个机构间的合作程度，也不能权衡出每个机构在合作网络中所起的作用，而机构合作网络中每个节点的度正好能弥补以上的不足。度作为衡量机构间合作的重要指标，当一个机构越是与更多其他科研机构建立合作关系时，该机构在网络中的度就会呈现越大的点，就会越处于核心地位。

图 5-6 为 1985—2015 年典型机构的度值统计。从图 5-6 可以看出，1985—

2015 年北京师范大学的度值还是遥遥领先于其他几所学校，这也充分说明了在这 30 年内北京师范大学在教育政策领域一直保持与其他高校和科研机构的学术合作。此外，我们还可以看到，在图 5-5 中发文量较少的陕西师范大学，它的度值却相对较高，而发文量较高的华东师范大学的度值却降低了，这也说明了发文量与度值间并不存在绝对的对等关系。度值的考量主要还是依据每所机构与其他机构建立合作关系的多少。

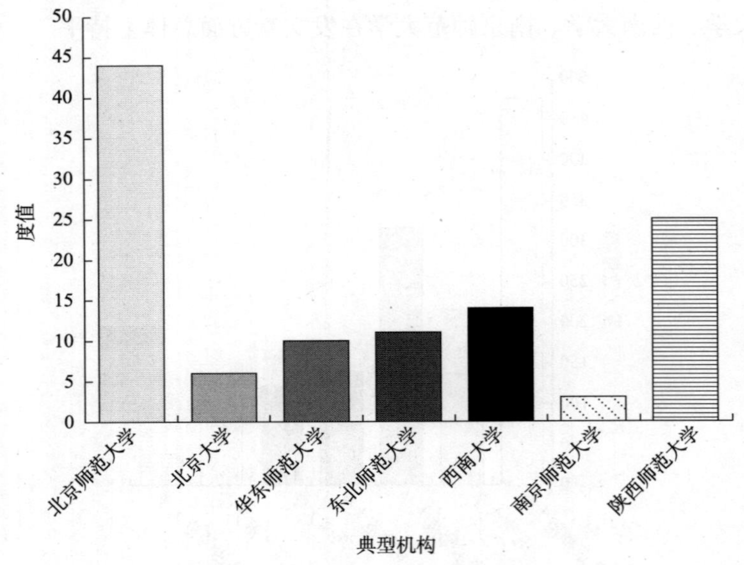

图 5-6　1985—2015 年典型机构的度

聚集系数经常被用来描述网络的传递性[①]。以机构间的合作为例，假如机构 *A* 与机构 *B* 有合作，机构 *B* 与机构 *C* 有合作，则机构 *A* 与机构 *C* 合作的概率即可用聚集系数表示。

图 5-7 为 1985—2015 年典型机构的聚集系数。对比机构的度值统计可以看出，我国教育政策学合作网络中，机构度值越大的聚集系数不一定大，两者似乎并没有表现出高度的一致性。例如，东北师范大学在图 5-7 中的聚集系数最大，但它的度值并不是最大的。此外，从图 5-7 中还可以看出北京大学和南京师范大学的聚集系数为零，这说明在教育政策领域，至少按照选取的核心机构来看，

① 汪冰. 中国情报学期刊论文合著现象研究与思考[J]. 情报科学，1992，（2）：8-16.

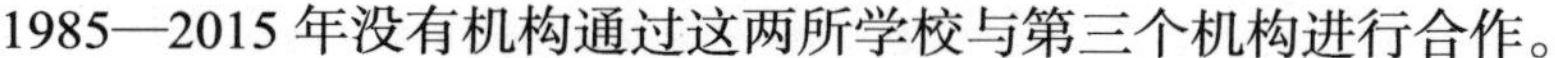
1985—2015 年没有机构通过这两所学校与第三个机构进行合作。

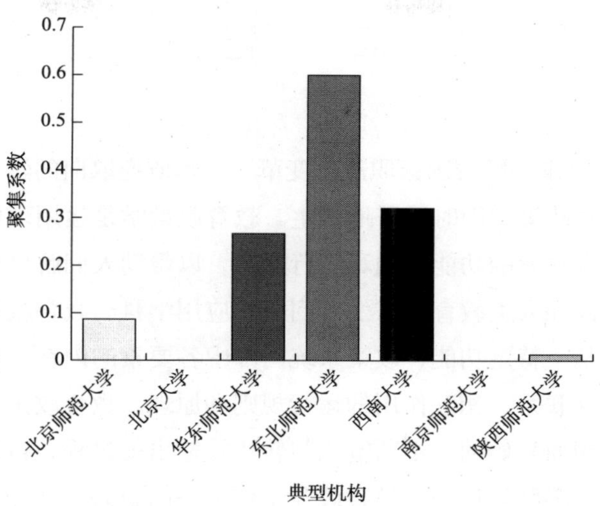

图 5-7　1985—2015 年典型机构的聚集系数

（四）研究结论

1. 机构合作网络比较松散

从整体上看，1985—2015 年教育政策学机构合作网络比较松散。从提取的数据来看，所有机构的中心度都为 0。因此，大部分的机构很少或者不与其他机构有合作关系。而有合作关系的机构呈现出局部合作的态势。从度值的分析上看，发文量高的度值并不一定高，两者之间并不存在绝对的对等关系。因此，应鼓励高产机构多与其他机构进行科研交流与合作。

2. 少数高水平科研机构在网络中的中心效应显著

由前面的分析可知，1985—2015 年教育政策学机构合作最突出的是北京师范大学，在这 30 年间与其他科研机构产生了多次合作。同时，北京大学、华东师范大学、东北师范大学、西南大学和陕西师范大学也在此网络中有较为广泛的合作，在机构间的交流与信息共享方面具有绝对的主导地位。

后　　记

20 世纪中叶以来，随着国家职能的变革、学术研究取向的转化、教育改革与发展的需要，教育政策学因时因需地产生。教育政策学是运用现代科学理论和技术方法，研究教育政策的功能机制和运行规律，以帮助人们解决那些直接关系到教育公众生存条件和人类教育未来发展问题的应用学科。教育政策功能机制是为实现教育政策的某一特定功能，政策系统内部中各要素的内在工作方式及政策系统与外部环境相互联系、相互作用的运行规则和原理。教育政策运行是一个系统的连续动态的、周而复始的、不断输入与转化及输出的过程，包括政策制定、执行、评估、监控、终结等过程。教育政策学作为一门新兴、中介、综合、边缘性的实践学科，具有跨学科性、应用性、规范性、描述性、软科学性等特征。

改革开放以来我国教育政策学研究取得了较为可观的成就，这些研究成就既推动了教育政策学研究的繁荣与发展，为促进教育政策学学科建设与教育政策学人才培养提供了智力支撑，也为各级各类教育政策的完善提供了指导，为促进我国教育政策的科学化、民主化、制度化、绩效化提供了理论根基。

本书综合利用知识图谱分析中的引文分析法、共被引分析法、多元统计分析法、词频分析法、社会网络分析法等方法，对 1985—2015 年我国教育政策学发展中的研究热点、核心作者、研究范式、前沿演进、合作网络等问题进行知识图谱分析。研究热点是某学科领域共同关注的研究对象，是随着时代需要与学科自身发展而变迁的动态变量，反映了某一段时间该学科的研究人员对一些特定问题的持续关注度。学科范式是指某一时期学科共同体成员共同分享的信念、价值、技术等元素的集合，具有规范性、共同性、历史性等特性。研究前沿反映的是此学科及相关领域学科内最新研究成果的总体发展情况。同时，随着经济全球化和科学技术的不断发展，科研合作已经成为科学生产的一种主流趋势，科研合作主要包括机构间、个人间的合作。机构之间的合作是以不同大学、科研院所等合作机构为研究对象，研究其在某一思想产生、传播过程中所扮演的角色。个人之间的合作是以不同科研人员间合著论文为研究对象，研究不同专业背景、不同学科经历的科研人员之间的合作对科学研究的突出贡献。通过研究热点、学科范式、前沿演进、合作网络的描绘，能够全面系统地了解教育政策学的研究热点领域、主流学术群体、学科理论结构、经典文献、科研合作等情况，为教育政策学研究的拓展领域与深化发展等提供基础性材料。

本书能够得以顺利出版，首先要感谢“陕西师范大学优秀著作出版基金”“陕西师范大学首届优秀青年学术骨干资助计划”等的资助。其次要感谢任雪园、王君妍、康韩笑、王佳昕、王锦雁、刘淑云、杨文杰、潘姿曲、王志远等硕士研究生的辛勤付出，他们在资料收集、方法运用、数据处理等方面都给予了很大支持。再次要感谢我的导师陈鹏老师、栗洪武老师对我一直以来的无私帮助和提携。最后要感谢家人的默默奉献与无私付出，使我有更多的时间与精力投身于教学与学术研究之中。

本书在写作过程中参考了诸多学者的观点与材料，对他们的付出也要表示感谢。此外，书中的观点并非尽善尽美，有的还显得较为稚嫩，敬请同仁批评指正，共促教育政策学的繁荣与发展。